走向婚姻的一步

"90后"流动青年未婚同居过程研究

张 亮 / 著

上海社会科学院出版社

目录

导论 …………………………………………………………………… 1
  一、未婚同居的兴起 ………………………………………………… 2
  二、未婚同居的意义及变迁 ………………………………………… 5
  三、中国的未婚同居与研究进展 …………………………………… 7
  四、为什么聚焦"90后"乡城流动青年的未婚同居 ……………… 11

第一章 从约会到共居一室：同居的节奏 …………………………… 15
  一、闪电式同居者 …………………………………………………… 16
  二、谨慎型同居者 …………………………………………………… 19
  三、推迟型同居者 …………………………………………………… 23

第二章 从约会向同居的转变：动机与意义 ………………………… 29
  一、进一步发展关系：以结婚为目标 ……………………………… 30
  二、订婚后同居：向正式婚姻过渡的阶段 ………………………… 33
  三、相爱了就同居：恋爱的"必要步骤" ………………………… 37
  四、便利、经济考虑、意外怀孕：同居的现实动因 ……………… 39
  五、同居动机："她的"与"他的"不同 ………………………… 44

第三章 同居生活中的金钱管理 ……………………………………… 53
  一、金钱管理的"同居差距" ……………………………………… 54
  二、自主的个体：各管各的钱 ……………………………………… 56
  三、"我们的钱"：完全或部分钱财共享 ………………………… 61

四、"大钱"他出、"小钱"共同：同居生活花销的支付 ………… 63
　　五、消费行为与"合适的"结婚对象 …………………………… 67

第四章　同居伴侣的家务分担 ……………………………………… 71
　　一、家务分工和性别平等观念 …………………………………… 72
　　二、家务安排中的显性权力 ……………………………………… 76
　　三、时间、男子气概和不平分的家务 …………………………… 79
　　四、同居日常生活安排的多重逻辑 ……………………………… 82

第五章　同居关系中的怀孕和生育 ………………………………… 84
　　一、研究回顾：同居与未婚生育的增长 ………………………… 85
　　二、同居中的意外怀孕 …………………………………………… 89
　　三、有计划的同居怀孕 …………………………………………… 92
　　四、正在同居者的怀孕意愿：期待还是避免？ ………………… 96
　　五、同居怀孕后的应对 …………………………………………… 102

第六章　结束同居：结婚与分手 …………………………………… 109
　　一、研究回顾：同居关系的转变及影响因素 …………………… 110
　　二、同居前后的结婚计划 ………………………………………… 113
　　三、同居持续时间 ………………………………………………… 118
　　四、结婚还是分手：同居结果的走向 …………………………… 122

结论 …………………………………………………………………… 145
附录　研究方法与过程 ……………………………………………… 152
参考文献 ……………………………………………………………… 158
后记 …………………………………………………………………… 168

导　　论

3年前,19岁的琳琳辞掉在北京当饭店服务员的工作,回到老家歇息了大半个月,又远离家乡来到上海,打算寻找一份新的工作。在一个多年前就来上海打拼的亲戚的介绍下,她进了一家连锁型的美容院,大约半年的学徒期后,成为这家美容院的一名美容师。从做学徒工开始,琳琳一直住在店里为员工提供的集体宿舍。不过,就在一年多前,她从宿舍搬了出来,与交往了3个来月的男友在外租房同住。

现如今,像琳琳和她男友这样没有结婚就共同居住和生活在一起,在年轻一代的流动青年中已是司空见惯。但就在二三十年前,未婚男女共居一室却还是一种相当少见的现象。1950年新中国第一部婚姻法颁布实施,青年人获得了择偶和婚姻上的自由,但在20世纪50—70年代,在当时的意识形态和社会规范中,婚前约会、交往被视为"伤风败俗""小资产阶级情调"而不被容许,婚前性行为更是被视作禁区。直到80年代,未婚男女之间的约会、亲密交往才逐渐成为择偶过程中的必要组成部分,即便是以往严格禁止的婚前性行为也开始增多,到90年代发展为城市和农村恋人中比较普遍的现象(徐安琪,1997;阎云翔,2006)。

在这一时期,未婚伴侣在结婚前就共同生活在一起也悄然增多。根据中国家庭追踪调查(CFPS)数据的估计,20世纪80年代以前,只有不到2%的初婚男女在结婚前同居;到90年代,这一比例升至了10%左右。进入21世纪,这一上升趋势越发加快,在第一个10年进入初婚的人群中,超过1/4的人在婚前与配偶同居,2010—2014年,这一比例更是在1/3以上(见图0-1)。关于同居态度的调查结果也显示,在2005年,18—44岁人群中对同居行为持较明确接受态度的比例为25.6%,到2015年,这一比例上升至37.2%,持"完全不同意"态度的比例则从17.5%降至9.6%(宋健、刘志强,2020)。

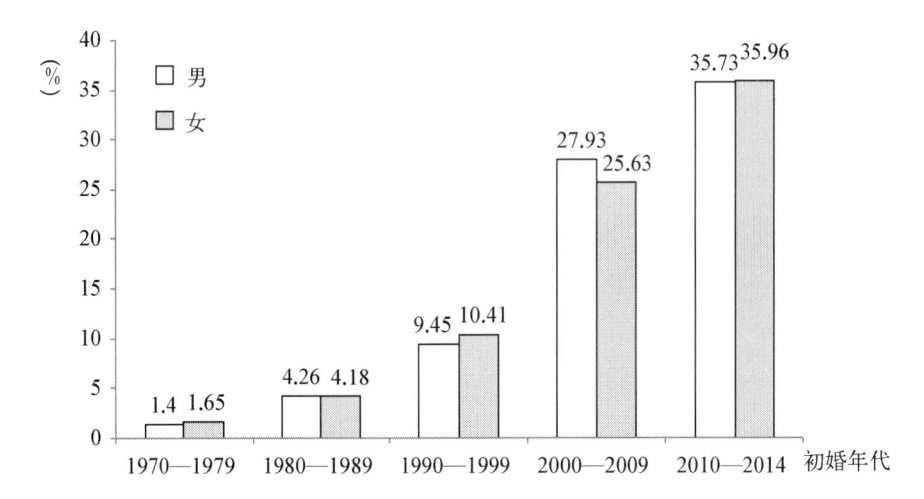

图 0-1　20 世纪 70 年代—2014 年分性别和初婚年代的有初婚前同居经历的比例

数据来源：於嘉、谢宇：《我国居民初婚前同居状况及影响因素分析》，《人口研究》2017 年第 2 期。

不仅如此，与 20 世纪八九十年代不同的是，对于今天的年轻人而言，同居不再等同于以订婚为基础的婚前同居。21 世纪以来，伴随着城市化、人口迁移流动浪潮的加剧，那些远离家乡和父母监管的新一代流动青年男女，越来越多地从约会开始后不久就和恋人共居一室，就好像开篇所述的琳琳和其男友一样，是否有婚约对同居决定不再那么重要。

简言之，未婚意味着单身无伴侣的时代已成为过往。对今日的中国年轻人来说，与异性结为伴侣共同生活不必等到结婚才拉开序幕。

一、未婚同居的兴起

日益增长的未婚同居现象并不是中国独有的。事实上，未婚同居生活的盛行已成为一场世界性的潮流。20 世纪六七十年代，未婚同居首先在北欧国家的年轻人当中兴起，随后很快向西欧、美国等国家扩散，到八九十年代逐渐在世界范围内传播和蔓延开来（Lesthaeghe，R. 2010）。当前，未婚同居在欧洲、北美洲和澳大利亚都很普遍。在东亚的普遍程度虽然不及欧美社会，但也在逐渐增加（Sassler，S. & Lichter D. T. 2020）。

从目前正在同居的比例来看，2010 年前后，在经济合作与发展组织（OECD）

国家,20—34岁青年人正在与伴侣未婚同居的比例有近17%,丹麦、法国和瑞典高达29%(见图0-2)。由于同居往往是一种短期状态,进入婚姻或分手发生在几年内,目前同居状况的测量通常还低估了同居在人们生活中的普遍程度,掩盖了曾经同居的年轻人比例更大的上升。以美国为例,在19—44岁女性中,1987—2015年曾经同居的比例从33%增加到60%,几乎翻了一番(Sassler, S. & Lichter, D. T. 2020)。

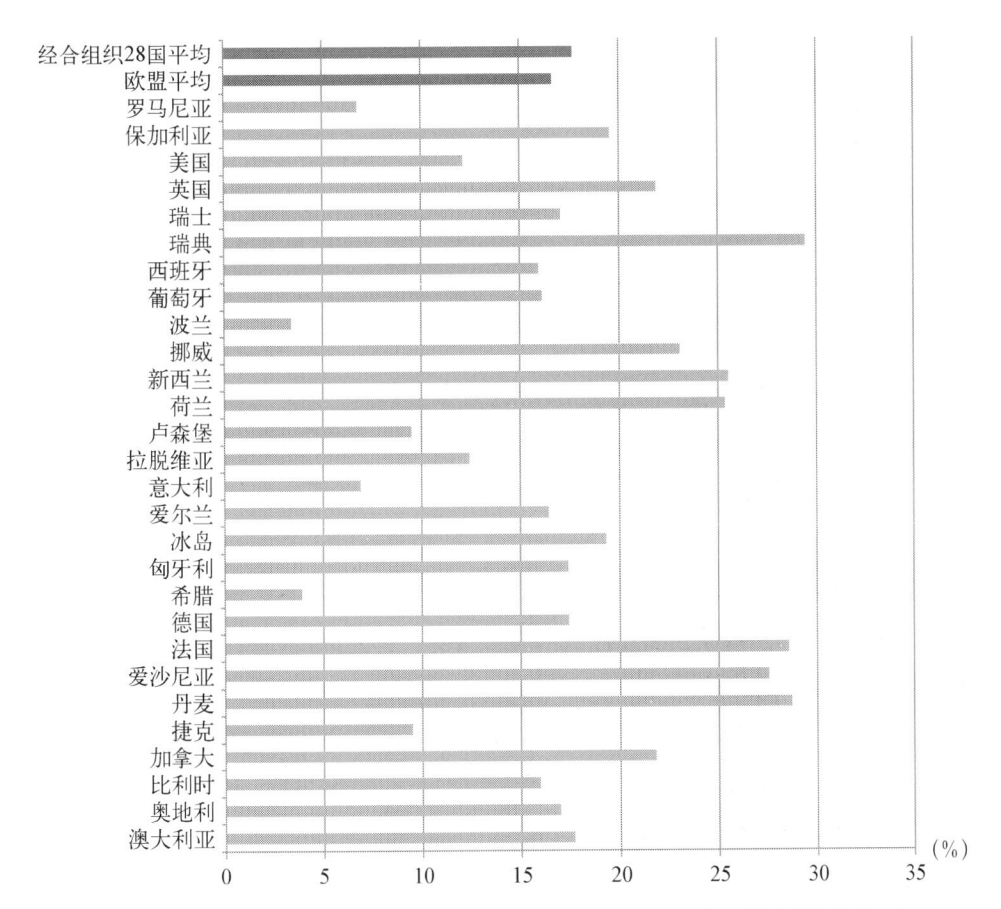

图0-2 2010年前后经合组织国家20—34岁青年正在与伴侣未婚同居的比例

数据来源:OECD Family Database, http://www.oecd.org/els/family/database.htm, Table SF3.3.A. Partnerships and cohabitation。

同居盛行的第三个表征是,伴侣们越来越多地通过同居,而不是直接结婚进入婚姻。在同居兴起最早的北欧国家,绝大多数的婚姻都是从同居开始的。其他欧洲国家中,高达百分之七八十的已婚者在婚前同居过一段时间(Žilinčiková, Z. & Hiekel, N. 2018)。美国初婚者在结婚之前同居的比例,1965—1974 年仅为 10%,到 1990—1994 年,该比例升至 50% 以上(Smock, P. J. 2000),而到 2010—2014 年更是达 70%(Smock, P. J. & Schwartz, C. R. 2020)。

非婚同居异军突起成为一种亲密伴侣关系的新形式,文化因素在其中起到了至关重要的作用。20 世纪 60 年代以后,随着西方工业化国家进一步的经济繁荣、物质生活条件的改善,人们的需求层次从生理、安全、归属感等转向自我实现,更多强调个人自主性,包括自主选择个人想要的生活方式和家庭形式;与此同时,社会变得日益世俗化,传统的宗教、政党、意识形态对社会的控制力逐渐削弱,人们也拥有了自主选择的空间。随着这些新价值观的兴起,个人拒绝诸如婚姻等传统制度,婚前性行为、未婚同居等非传统行为变得可接受并日渐盛行(Lesthaeghe, R. 2010)。长期的社会文化变迁还改变了婚姻的意义,从而导致非传统家庭形态的传播。20 世纪早期开始的对亲密伴侣关系中情感满足和浪漫爱情的强调,下半叶出现的表达性个人主义价值观,都从规范层面动摇了传统意义上的核心婚姻家庭模式,使婚姻的意义从标志一个人步入成年的基石(cornerstone)变为个人生活成就的顶石(capstone),其作为社会规范的约束力在弱化,婚姻家庭和日常生活的"理所当然"消失了,婚姻的替代形式,比如非婚同居,更易被接受和更加流行(Cherlin, A. J. 2004)。

经济因素也是同居现象日益增多背后的关键一环。工业化、教育扩张增加了女性的就业机会和经济独立性,她们越来越有能力在经济上养活自己和子女,削弱了婚姻制度的经济基础,潜在地减少了她们的结婚需求。经济独立性的上升也改变了女性的家庭和性别角色观念,她们不再愿意在家庭内"第二次轮班"承担家务和育儿责任,对婚姻更加谨慎,更倾向于选择同居而不是结婚,以避免扮演与婚姻有关的传统性别角色(威廉·J. 古德,1986;Clarkberg, M. E., Stoltzenberg R. M. & Waite, L. J. 1995)。另一方面,同居率上升也与男性的"结婚能力"下降有关。20 世纪 70 年代初开始,西方工业化国家普遍遭遇工资停滞不前,那些受教育程度不高、无专业技术能力的男性扮演养家糊口角色的能力不断下降,他们无力把同居转变为婚姻。最近数十年来,伴随着全球化、经济结构调整以及经济不平等的加大,年轻人生活状态的不稳定和不确定性上升,同居率的上升还可能说明是对这种不稳定的适应,而不仅仅是因为价值观变迁和对制度的拒绝(Schneider, D., Harknett, K. & Stimpson, M. 2018)。

除了文化观念的转变和经济条件的变化,未婚同居这种新兴之势还是性革命和避孕技术发展的直接产物。20世纪60年代掀起的性革命消解了早期不赞成同居的主要理由,即未婚者不应该有性行为。一旦未婚性行为的耻辱被消除,对同居的道德谴责也就丧失了社会规范基础(Bumpass, L. L. 1990)。与此同时,这一时期避孕药物的研制使避孕变得更加容易,未婚男女可以在不用担心怀孕的情况下长期共同生活在一起(Thornton, A. & Young-DeMarco, L. 2001)。

二、未婚同居的意义及变迁

无论原因何在,同居作为一种新的伴侣结合形式,已成为具有革新力量的社会现象。它越来越多地接管了传统上由婚姻提供的功能,如性亲密关系、情感支持、共同生活带来的规模经济效应,以及最为重要的——生育和抚育功能。同居作为一种未婚的生活安排,也在挑战关于单身和择偶的观念。这一趋势引发了关于同居功能或意义的长期讨论:同居对个人婚姻轨迹意味着什么,以及在更广泛意义上,对婚姻制度意味着什么。研究人员或是按照婚姻意向对同居者进行分类,或是按照可观察到的行为对同居者进行分类,如同居持续时间、结束同居的方式、子女经历父母同居的时间长短等,还有研究人员直接询问同居者如何看待他们的同居,以此了解同居在婚姻进程中的作用。

早期观点普遍认为,同居是婚姻的前奏。这种同居作为婚前暂时阶段的观点得到了基于定量数据研究的支持:在20世纪80年代和90年代初,大多数同居者都打算结婚(Bumpass L. L., James A. S. & Cherlin, A. J. 1991),并且随后在较短的时间内结婚了(Brown, S. L. 2003)。即使在20世纪70年代未婚同居就变得很普遍的北欧国家,婚姻依然是许多人生活中的一个重要目标,被推迟而不是完全放弃(Duvander, A. Z. 1999)。

进入20世纪90年代中期以后,情况开始发生变化。同居的持续时间在增加,同居伴侣在日常生活中经常以夫妻身份出现,同居过渡到婚姻的比例不断下降,连续同居——经历了一次同居的解体,然后又进入下一次同居——这种情况显著增加(Hiekel, N. & Fulda, B. E. 2018)。更为关键的是,同居伴侣在怀孕后不再急于在孩子出生前步入婚姻殿堂,由同居母亲所生育孩子的比例随着同居时间的延续在不断上升,同居成为一种可以接受的生育和养育环境,婚姻作为生儿育女先决条件的重要性已经下降(Sassler, S. & Lichter, D. T. 2020)。

一种新的占主导地位的观点认为,同居不是通往婚姻的一个中间步骤,而是婚姻的一种补充和替代形式,代表了一种更广泛的"第二次人口转变"(Lesthaeghe, R. 2010)和"婚姻去制度化"(Cherlin, A. J. 2004)的趋势。21 世纪初,英国人口学者凯思琳·吉尔南(Kathleen Kiernan)基于欧洲各国的经验,提出了同居发展的"四阶段假说"。她指出,同居的发展将历经四个阶段:第一阶段,同居作为一种边缘状态出现并且常常是那些先锋人士的尝试;第二阶段,同居变得越来越普遍,成为婚姻的前奏;第三阶段,同居被看成婚姻的一种有效补充甚至是替代形式;第四阶段,同居被广泛接受,成为一种与婚姻相当的结合形式。各国在同居普遍程度和作用方面的差异,只不过是因为处于不同的发展阶段。她还指出,瑞典和挪威已经发展到了第四阶段,而一些地中海国家——比如西班牙、意大利和希腊——则还处在第一阶段(Kiernan, K. 2002)。

然而,情况并没有向凯思琳·吉尔南所预测的方向发展。最近 20 年来,在欧洲大多数国家,同居正在变得制度化,同居和婚姻在社会保障、法律权利、经济利益,以及儿童监护权方面的正式差异逐渐缩小,甚至基本上没有差别(Perelli-Harris, B. & Gassen, N. S. 2012)。尽管如此,同居通常被认为是为了测试彼此相容性和在对关系不满意时有更大的退出自由,婚姻仍然是一个具有独特价值的理想目标和受欢迎的结合形式,大多数男性和女性在他们人生中的某个时刻都会结婚(Andersson, G., Thomson E. & Duntava, A. 2017)。尽管同居人数在不断增加,但也很容易经历婚姻的复兴。在被认为是高度个体化和同居盛行的先驱者的北欧国家,比如瑞典,从 20 世纪 60 年代以来一直下降的结婚率,自 1998 年以来已转为稳步上升,现在超过了欧洲平均水平(Strandell, J. 2017)。

2014 年《人口研究》(*Demographic Research*)发表了一期由英国人口统计学者布里娜·佩雷利-哈里斯(Brienna Perelli-Harris)的研究团队撰写的特刊文章,他们通过比较同居和婚姻的社会规范来揭示同居意义的转变。基于在澳大利亚和欧洲 9 个国家的大城市进行的焦点小组调查,文章否定了同居扩散存在"阶段论"的假说。佩雷利-哈里斯的研究团队发现,尽管在不同社会背景下同居的含义存在差别,但并不对应于同居的普遍性或所谓的发展阶段。所有焦点小组中普遍存在的承诺、测试和自由的概念表明了一个潜在的普遍主题:婚姻和同居仍然有不同的含义,婚姻代表着更强的承诺,而同居则是应对关系不确定性的新现实的手段(Perelli-Harris, B. et al., 2014)。

2020年美国家庭学者安德鲁·J. 切尔林(Andrew J. Cherlin)在《婚姻与家庭杂志》(*Journal of Marriage and Family*)上发文,重新审视他在2004年提出的"婚姻去制度化"论断,在以相关研究结果、统计和抽样调查数据为基础,详细梳理了欧美社会,特别是美国的婚姻变迁趋势后,他承认,过去15年里,同居现象的增加将推动婚姻的去制度化,或是更广泛的亲密伴侣关系的去制度化,并没有像他之前声称的那样全面发生,个人如何发展亲密关系方面出现了一个明显的社会阶层分化。在美国,婚姻地位的衰落仅适用于没受过大学教育的人群,而在受过大学教育的人群中,尽管也发生了一些变化,但婚姻总体上仍扮演着核心角色(Cherlin, 2020)。

关于同居的意义,还有第三种看法,认为同居是"单身的另一种选择"。与那些结婚的夫妇相比,同居伴侣和只是约会交往的伴侣之间在生育意愿、大件资产购买(如房子、车子)等行为上有更多相似之处(Rindfuss, R. R. & Vanden Heuvel, 1990)。这类同居往往持续时间短,并且以分手而告终(Heuveline P. & Timberlake, A. 2004)。近年来的研究还表明,在当今的年轻人中,同居似乎至少在最初是作为一种单身的替代,年轻人在短短几个月内就从约会、性关系发展到同居,可能促使其做出同居决定的因素是经济、便利、住房需求或是应对怀孕,而不是为了建立类似婚姻的长期关系,也很少有同居者声称自己同居前已订婚(Sassler, S. & Lichter, D. T. 2020)。

三、中国的未婚同居与研究进展

相较之下,未婚同居在中国兴起的时间较晚,如前所述,20世纪90年代悄然增长,进入21世纪后才开始盛行。对于这种新兴之势,早期的学者认为主要源于中国改革开放以来发生的"性革命"。李银河在《性文化研究报告》(2003)一书中,基于对20世纪八九十年代婚前性行为和态度的分析,指出中国社会正在从传统的性规范,经由浪漫主义的性规范,向自由主义的性规范发展。同一时期的性社会学家潘绥铭(2003)同样指出,改革开放以来中国人初级生活圈的变迁催生了"性与生殖相对分离""性爱挣脱情爱"的性革命。同居率的上升正是这种性态度日趋开放的表征和结果,是性革命的伴随品。进入21世纪,随着中国社会经济转型不断深入,工业化和城市化进程持续推进,婚姻家庭领域其他行为也在发生显著变化,比如初婚年龄不断推迟,离婚率持续上升,家庭社会学和人口学研究者把这些变化结合在一起,认为这意味着可能与西方社会类似,中国当前也正在发生着第二次人口转变,背后最主要的驱动力是个体主义的兴起与观念的变革,婚姻地位不断下降,婚姻的替代形式——比如未婚同居——更容易被接受,也更流行(吴帆、林川,2013;於嘉、谢宇,2017,2019)。

大规模的人口迁移流动是同居现象盛行的另一个重要推动因素。20世纪90年代以来中国的市场化、工业化大发展,吸引了农村人口向城市迁移流动,既有的乡村社会伦理规范、道德舆论等对私人生活的约束力明显减弱,个人也扩展了社会网络和婚姻圈,接触到更加强调自由、多元包容的城市文化,个人的独立性和自主性得以增强。特别重要的是,年轻人在"父母眼皮底下"之外度过的时间增加了,这让他们有更大的自由选择自己的亲密关系。这些都催生了包括同居在内的多元婚恋实践(风笑天,2006;贺飞,2007)。确实,最先引起学界关注未婚同居现象的,除了大学生群体,就是乡城流动青年群体。在探究流动青年的婚恋、性和生殖健康等问题时,研究者观察到了未婚同居在这一群体中的兴起(王菊芬,1999;黄润龙等,2000;郑真真等,2001)。

随着同居现象的日渐兴起,它开始被视为具有重要社会意义的议题。然而,在2010年之前,对于我国年轻人未婚同居的理解还很弱,已知的是基于非代表性样本,如大学生、农村外出打工青年,或是未定义群体的一般性讨论。关于中国总体的同居水平究竟上升到何种程度,哪些群体的同居率增长最快,同居关系平均持续多久,这些问题没有人能回答。主要原因在于,未婚同居在很长时间内一直被认为是敏感问题,很少有调查收集相关的数据,而具有全国代表性的大规模抽样调查数据缺乏,极大地限制了国内学界对未婚同居现象的深入探讨。

始于2010年的中国家庭追踪调查(CFPS)以回顾性问卷和追踪调查的方式

收集的婚姻史数据,包括对同居、相识方式、配偶信息等数据的收集,是国内第一个为同居研究提供更多可供分析细节的大型数据,为描述中国社会婚姻家庭行为的变迁提供了难得的资料(谢宇等,2014)。此后,研究者才开始以此数据为基础,从中估计我国男女初婚前同居的水平,或是评估婚前同居的社会后果,如对婚姻质量、婚姻稳定性及生育的影响。

对于在中国什么样的初婚男女更可能婚前同居,一项利用2014年中国家庭追踪调查数据的分析显示,教育程度、城市生活经历、流动经历和居住地经济发展水平对是否有过初婚前同居经历有着显著的正向影响,而由于我国政治考察等机制的存在,党员身份则会显著地降低初婚前同居经历的发生比(於嘉、谢宇,2017)。另外一项研究的分析则指出,是否婚前同居与择偶方式有关,相比"介绍认识""自己认识"的初婚夫妻在婚前同居可能性更高,特别是在经济发展水平较低的地区(刘昊,2019)。

一些研究人员开始关注婚前同居的社会后果,即对随后婚姻家庭生活的影响。不过,尽管使用的都是中国家庭追踪调查的多轮数据,这些研究却给出了大相径庭的结果。一项研究分析了样本中20—40岁初婚女性后发现,婚前同居行为会对她们以后的婚姻质量产生负面影响。研究由此推断,婚前同居可能是对婚姻的透支、对亲密关系的透支(袁浩等,2016)。探究婚前同居与婚姻稳定性之间关系的研究同样得出结论:无论男女,婚前同居都将提高离婚风险,因而认为婚前同居这种"试婚"行为对于初婚的婚姻稳定性是有害而无利的(梁同贵,2017)。另外,婚前同居会扩大女性的初婚初育间隔,因而婚前同居不仅会进一步推迟生育年龄,甚至可能通过挤压可生育年龄而导致生育水平下降(张露尹,2020)。不同于上述几项研究的观点,也有研究指出,婚前同居是有利于现有婚姻家庭体系的。该项研究分析发现,随着不同出生世代同居的蔓延,婚前同居与婚姻稳定性之间的负向关系逐渐缩小直至不显著。研究者认为,在同居越来越普遍的情况下,社会应转变对同居者所持有的负面评价和看法,赋予同居者更宽松的社会和舆论环境,使同居所具有的"试婚"作用得到有效的显现和发挥,这将有利于婚姻的健康和稳定(刘玉萍等,2019)。

最近10年来,在基于全国代表性数据的定量研究取得进展的同时,基于个案访谈资料的定性研究文献也有所增加,而且相比21世纪第一个10年的研究,有着较为充分的理论准备,研究视角和内容更为广泛。

一些定性研究试图了解未婚同居者自己如何看待同居,又是出于何种动机开始他们的同居生活。赵璐(2018)通过对35名以高学历为主的流动青年的深度访谈,分析发现这些同居者中至少存在着三种动机倾向:为了性、物质、情感方面的暂时满足,维系浪漫恋爱关系、抗拒婚姻制度,以及作为婚姻的前奏或过渡。在三类同居动机中,规范主义动机占据主导,超过半数的同居受访者有结婚的规划或是进入了婚姻关系。于志强(2019)采用个案研究法,深度分析了一位都市白领女性的同居动机与实践过程,发现同居的初衷明确以结婚为目的,出于对自我以及婚姻负责的态度,希望通过同居过程中的调适和检验,从而进入理想中的婚姻。这两项针对年轻同居者的定性访谈结果似乎都意味着,同居是迈向婚姻过程中一个短暂的过渡阶段,是进入婚姻的一种策略,而不是对婚姻制度的侵蚀。

国内目前的定量调查尚没有收集任何有关同居生活期间的数据资料,新近有两项定性研究在同居如何展开方面进行了有益的探索。一项考察的是城市青年未婚同居时的家务分工。研究显示,未婚同居的家务分工模式呈现多元和复杂特征,相比传统性别意识水平,未婚同居者的性别意识有了很大进步,但不同家务分工模式之间的性别意识水平差距很大,传统性别意识、家庭结构与家本位思想依然是未婚同居家务分工的影响因素(于志强,2020)。另一项研究探索了"90后"城市青年同居者的经济实践。研究指出,对同居关系诉求、经济水平、婚姻意愿等因素影响和推动着同居经济实践的流变。一方面,个体化崛起以后,许多尚处于个体生命历程变迁特殊阶段的城市青年在爱而不婚的同居生活中积极追求自我欲望满足的经济实践;另一方面,在现有结构安排下,多数城市青年积极追求关系稳定的同居实践,强调同居经济资源统一规划和合作共享的关系主义(于志强,2021)。

总之,虽然国内学界对未婚同居的研究并不是新现象,但近10多年来数据收集上的进展使得研究人员要比过去更能够对中国的同居现象进行较丰富的探究。如前所述,基于抽样调查数据的量化研究初步描述了婚前同居者在我国初婚人口中的总体分布和变化趋势,探究了婚前同居对婚姻质量、婚姻稳定性及生育的影响等。但是,这些经验证据并不能帮助我们了解同居是如何发生在这些初婚者择偶过程中的。那些与配偶在结婚前没有同居的初婚者,他们或许曾经与其他人同居过,只是最终以分手结束。我们也不清楚正在同居的未婚男女的比例和人口特征。① 更大的局限性还在于,现有调查——包括中国家庭追踪调查——尚未采集有关人们对婚姻和同居的观念及态度、同居关系质量和日常互动行为、同居者的怀孕、生育态度和意愿、同居结束方式等议题的数据。因而未婚同居对中国年轻人的婚姻和家庭进程到底有何影响、影响程度和方向如何,至今仍然缺乏反映整个同居过程及其细节的数据来回答这些至关重要的问题。

基于个案分析的质性研究探索了年轻同居者为何决定进入同居,这一步对他们意味着什么,他们在经济和家务上的决策,使人们对同居关系形成和发展有了初步认识。但就目前的研究来看,仅有的几项调查的样本对象主要为受过大学教育和有良好收入的城市青年,其他人口经济特征青年人群的同居行为还有待探究。在研究内容上,同居关系开始、展开和结束的过程还有很多没有展现。比如,现有研究探讨了个人决定同居的动机和原因,但事实上,许多恋情不会进展到同居,从约会向同居过渡的速度也不一。因而阻碍或延迟恋情向同居发展的因素同样值得探究,这样才有可能获得对青年人如何看待同居的全面理解。同居关系中生育和抚育孩子现象的增多是第二次人口转变和婚姻去制度化的关键特征,因而同居者的避孕实践、怀孕意愿和生育是同居研究中非常重要的议题,目前尚缺乏基于经验资料的探究。同居通常仅是关系发展的中间阶段,最终是要走向结婚或分手,那么,同居如何影响关系预期和婚姻结果的发展,哪些因素决定了同居是否转变为婚姻,这对于理解同居对婚姻进程的影响来说至关重要,但目前尚不清楚。

四、为什么聚焦"90后"乡城流动青年的未婚同居

如上所述,由于未婚同居在中国兴起较晚,加上一直被认为是敏感问题,很

---

① 我国的统计制度没有跟上不断变化的人口和家庭现实,即使刚刚进行的第七次人口普查,在"婚姻状况"统计中并没有纳入"同居"这个分类。尽管中国家庭追踪调查在"婚姻状况"分类中纳入了"同居"类别,但该项所占比例极低,2010年选择"同居"的样本量为96份,仅占总调查样本的0.3%。其中还包括了32份有过婚史者的同居,真正未婚同居的样本量只有64份。显然,这一比例没有反映目前正在同居的真实水平,样本量太少也不具有统计分析的意义。(2010年中国家庭追踪调查的"同居"数据情况,参见梁同贵:《婚前同居与初婚离婚风险——基于CFPS2010数据的分析》,《南方人口》2017年第4期。)

少有调查收集相关的数据,国内学界对同居现象的研究还处于初步阶段,许多问题尚待回答。在这样的背景下,本书聚焦同居关系的演变,力图通过完整绘制同居过程——同居如何开始、展开到如何结束——来深入了解同居关系的发展轨迹,回答未婚同居如何影响了年轻人的婚姻进程,进而回答未婚同居对中国婚姻家庭变迁的意义。具体而言,本书将围绕以下三个问题展开:

首先,婚前性关系或约会关系并不总是会发展到同居,那么,同居何时或如何发生在约会或恋爱过程中,是什么因素决定了一段恋情从约会向同居转变,哪些因素对同居决定至关重要,哪些因素制约了年轻恋人们同居,男女在决定同居时考虑的因素有何差异?已有研究倾向于解释同居上升的原因,但对于同居在中国普遍化程度不高的原因缺乏探讨,为什么未婚同居并不像学者们想象的那样容易发生,哪些因素制约了年轻恋人们同居呢?

其次,当两个人作为亲密伴侣共同生活在一起时,需要对如何组织日常生活做出一些重要的选择。比如,同居中的经济观念和实践,两人的收入如何管理,共同生活的开销如何来支付,家务如何分工,在避孕、怀孕和生育等敏感问题上的决策。尽管婚前性行为上升、同居率不断上升、未婚怀孕现象也在增多,但我国的未婚生育水平却没有随之而升高,同居怀孕后的决策过程如何?

最后,同居关系通常不会长期持续下去,最终要么走向婚姻,要么分手。那么,同居是否会过渡到婚姻,在什么时候、什么条件下会向婚姻转化,影响同居是以婚姻还是分手来结束的因素有哪些?

本书采取质性研究的方法,原因在于,定量数据的分析往往能为我们提供"是什么",但它们不一定能为我们提供对理解社会现象至关重要的"如何"和"为什么"(Lin,1998)。在对同居现象的研究中,定量数据可以描述总体人口中同居的发生状况和在群体间的差异,也可以提供关于同居的基本信息,从一段同居关系何时建立、持续的时间,到最后的结束方式。然而,同居关系的形成通常还包括产生这些关系的各种心理(例如爱和承诺)、社会(例如规范和法律关系)和经济(例如成本效益计算)过程(Sassler, S. & Lichter, D. T. 2020)。对这一过程的理解靠定量数据是难以回答的,需要利用定性访谈的方法来询问年轻人同居对他们意味着什么,并从中发掘和归纳不同社会阶层、性别对同居意义可能的多样性理解(Smock, P. J. 2000)。本书认为,定性数据的收集和分析有助于我们更细致地研究青年同居者描述自己的同居生活,他们用于理解个人同居经历的认知图式和叙述,更有助于我们深入细致地理解这一新的婚姻家庭行为。

本书聚焦新生代乡城流动青年的未婚同居现象,主要基于两方面考虑。首先,如前所述,对于未婚同居在中国的扩散,除了中国现代化进程中个体主义兴起、性解放等原因外,人口迁移流动是另一重要推动机制。实证研究证实,流动经历对是否有过初婚前同居经历有着显著的正向影响(於嘉、谢宇,2017)。而且,人口流动对婚前同居的影响,在乡—城流动者中比城—城流动者中表现得更显著(郝立、任远,2021)。青年期作为个体社会化的一个特定阶段,面临着两项重大的人生任务——成家与立业,对于乡城流动青年来说,他们除了要寻找工作,还要在外出打工的过程中选择配偶、建立家庭、生儿育女(风笑天,2006)。在这一过程中,由于远离家庭的监管与村庄"熟人"社会道德舆论的约束,让流动青年更容易选择和实践非传统的婚恋行为,从连续的约会、婚前性行为到婚前同居。然而,既有关于流动青年同居意义的讨论中,鲜有将未婚同居与年轻流动人口的婚姻形成联系起来,从异乡打工孤独感的"感情宣泄的渠道"和"生活无聊、精神空虚的情形下寻找一个生活陪伴者",到"满足性的需要"以及"弥补亲情的空缺,获得更多的社会资源与心理支持"(胡珍、程静,2008;宋月萍等,2012;刘成斌、童芬燕,2016),似乎这类人群的同居仅是为了建立临时的、短暂的性伴侣关系,而和他们的择偶、婚姻这些人生大事没有多少关联。与此相对应的是,自20世纪末以来有大量研究围绕新生代流动青年婚恋行为及变动趋势展开探讨,直到近几年才有研究分析未婚同居在流动青年"成家"过程中的作用。

其次,在西方发达国家,普遍化的同居行为产生了阶层化的"选择性"后果,同居、生育和婚姻的关系演变轨迹存在明显的阶层分化。以美国为例,当今美国的家庭制度存在两个不同的子系统:一个主要包括有大学学位的个人,另一个主要包括那些没有大学学位的人。受过大学教育的美国人更多地以婚姻为中心来组织家庭生活,虽然普遍有同居经历,但大多数人会把同居转化为婚姻,他们的子女绝大部分在婚内出生,"去制度化"的标签并不适合他们。相比之下,那些受教育程度较低的人群则对婚姻替代方式更为依赖,如反复进出同居、在同居关系中生育,以及更高的离婚率,婚姻在亲密伴侣关系中的地位已经衰落,"去制度化"已经发生(Cherlin, A. G. 2020)。在大多数欧洲国家和拉丁美洲,实证研究表明,同样出现了从同居到结婚转变可能性和同居生育的阶层分化现象(Perelli-Harris, B. et al., 2010; Esteve, A., Lesthaeghe, R. & López-Gay, A.

2012)。从所处社会经济地位来看,乡城流动青年与西方社会中依赖婚姻替代方式的人群有着类似的位置。那么,随着未婚同居率的持续上升,同居的"选择性"后果有可能出现在我国的流动青年人群中吗？现在是否已经初露端倪？如果没有,原因何在？

　　本书的研究对象为"90后"乡城流动青年,因为这个年龄群体正处于恋爱、择偶、成家的关键时期,也是最近的初婚前同居者。笔者最终对来自全国不同省份的150多名"90后"乡村流动青年进行了深度访谈或焦点小组访谈(关于研究方法,附录中有更详尽的介绍)。本研究追求的是观点的广度,笔者的研究样本没有统计学意义上的代表性。笔者主要通过自己的社会关系网络来寻找受访者,还有少量是通过有偿招募获取的。大多数访谈对象有不少于3个月的与异性伴侣未婚同居的经历,他们是笔者的"核心"受访者,其中有些人正在同居,有些已从同居进入初婚,有些是同居后分手且目前单身。笔者对有恋爱约会经历但没有进入同居的流动青年也感兴趣,因为他们对同居的看法对于理解同居在择偶和家庭建立中的作用是必要的,这类访谈对象是笔者的"非核心"受访者。深度访谈的资料提供了关于个体同居关系演变轨迹的丰富细节,以及个体的行为选择如何受到更大的社会、经济和文化影响及形塑,而焦点小组访谈提供了了解目标人群眼中世界的机会,反映了关于同居在家庭形成过程中作用和意义的群体观念。除了"90后"流动青年,笔者也和"90后"流动青年在农村的父母进行了交谈,他们对子女择偶、组建家庭的观念和态度能够进一步补充笔者对于流动青年的访谈。

第一章　从约会到共居一室：
同居的节奏

阿勇和小秀是一对年仅22岁的小夫妻，目前有一个1岁多大的女儿。两年前，阿勇在深圳的一家电子厂上班，工友把他在广州上班的小学同学小秀介绍给了阿勇。于是，阿勇和小秀互加了QQ好友。尚未见面的两人在网络上聊得很开心，就在那个周末，阿勇从深圳前往广州去找小秀。对于线下初次相见的感受，阿勇表达得较为含蓄，称"见了面也聊得很好"。小秀是个爱笑的女孩，她表达更直白一些，说是"那种一见钟情的感觉吧"。经过一天多的见面约会，两人不仅确立了恋爱关系，阿勇还决定辞掉深圳的工作，留在广州，与小秀在同一家工厂上班。工厂给员工提供免费的集体宿舍，小秀一直住在工厂的集体宿舍，但在阿勇说要留下来后，他们随即在工厂附近租了一间民房，由此开启了同居生活。

小梅19岁时经由同村小姐妹"撮合"与丈夫相识。当时两人都在杭州上班，不过一个位置靠北，一个偏南，相隔好几十公里。每当周休的时候，她丈夫会辗转几趟公交、地铁，路上花费将近3个小时，过来和她见上一面，一起吃顿饭后又返回他自己的住处。平时，两人只在QQ上时不时聊几句。小梅直言在认识之初"对他没有什么意思"，但对方一有休息时间就跑过去看她，还是让她逐渐动心，"过了三四个月吧，慢慢地聊出感情来了，就答应他了"。即便建立了男女朋友关系，由于相隔较远且路途花费时间过长，两人依旧保持着原有的见面频次，不过几乎每天晚上都会打电话聊天。大约半年后，感情越发浓厚的两人不再满足于偶尔见面，在男方的提议下，小梅辞掉原来的工作，搬到他的住处，打算在附近另找一份工作。

小敏和前男友是职校同学，在学校时就发展为男女朋友。毕业前夕两人通过校招进入了一家大型的物流公司，只是她被分派至北京，而前男友被安排到了天津。一年多后，前男友被调派到北京，但就在差不多同一时间，小敏被公司临时抽调到石家庄。又过了大约半年,小敏重新回到北京,与前男友在同一个分部,两人就此开始了同居生活。值得一提的是,在离开学校到同居前将近两年的时间里,小敏和前男友都会趁着节假日、周休去看望对方,并留宿在对方住处。

尽管阿勇和小秀、小梅以及小敏在恋爱期间都曾有同居经历,但他们从约会进展到同居的速度却不一,表现出相当大的差异。以全国家庭追踪调查为代表的定量调查收集了婚前同居何时开始的数据,但这并不能让人们了解同居在恋爱过程中何时发生。"从恋爱关系开始到共居一室之间的这段时间非常重要,它既是收集伴侣个人信息的时期,也是一起做出同居决定的时期。"(Sassler,S. 2004)换言之,对同居之前关系的考察将提高我们对亲密关系转变的理解。

在第一、二章,笔者将考察从约会到同居转变的详情,包括同居的速度与同居的驱动因素。在这一章,笔者将描述受访者在同居之前的约会和恋爱发展情况。笔者在个人访谈中询问了有同居经历的受访者如何与伴侣结识、关系进展和进入共同生活安排的情况。基于这些受访者对关系发展节奏的描述,区分出三种同居者类型。这些类型的划分不仅取决于恋情发展的速度,还取决于他们用来叙述恋情进展的语言。第一类是以阿勇和小秀这对小夫妻为典型代表的"闪电式同居者",他们的恋爱关系从一开始就以婚前性行为、共同生活为特征,充满激情,强调浪漫爱情和吸引力。第二类流动青年从约会向同居的转变常常发生在随着相处时间增加、彼此有更深入了解,以及相互依赖和信任水平提高之后,就像小梅进入同居的节奏,笔者把这类人称为"谨慎型同居者"。最后一类笔者称之为"延迟型同居者",他们往往因为关系之外的因素而推迟了向同居的转变,正如我们在小敏的案例中看到的。

一、闪电式同居者

"闪电式"同居者从恋爱(线上与线下)到同居的转变非常快,通常在与对方交往后的 3 个月内就住到了一起。在讲述这段恋情是如何发展起来时,进展的"速度"和情感的"强度"是他们爱情故事的核心,彼此都极为动心,由此从恋情最初两人就长时间待在一起,或是频繁约会,联系密切。

本章开头提到的阿勇和小秀,从相识、相恋到同居,短短几天时间,关系进展飞速。像阿勇和小秀这样"闪电式"进入同居的流动青年,在笔者的调查中并不是特例,那些表示自己和对方一见钟情的受访者,如果没有外在因素的制约(比如两人上班地点相隔太远、工厂远离居民区租房不便利、房租太贵),几乎都是在相识后的一两个星期就住在了一起。27岁的阿曾主动说起他有过两次同居经历,笔者请他讲述后面一次的交往过程。他说:"看她第一眼就觉得'嗯,是我的菜',没什么好多想的,看上了就要赶快下手,没过几天吧,我俩就在一块了。"笔者顺着他的话接着问:"'在一块了'是说正式确立男女朋友关系,还是说两人开始住在一起了?"他回答道:"好上了肯定是想时时刻刻在一起,白天没办法都要去上班,不可能黏在一起,到晚上就没必要再跑来跑去的,就和她说住过来。"

有一些闪电式同居者虽然没有把自己的恋情归类为"一见钟情",但描述了他们在恋爱初期阶段如何频繁地约会,一起外出吃饭、游玩,进而发展到在一方住处过夜。新恋情迅速地在他们的日常生活中占据了中心地位,在时不时留下来过夜之后,完全搬到一起住成为顺其自然的结果。20岁的Sari在一家公司做销售,男友阿鹏是比她后进公司的同事,交往两个多月后阿鹏搬进了她租住的房子,Sari描述了两人是如何住在一起的:

他就是疯狂地对我好,我们在同一个部门,他就什么事情都想着陪我一起做,想跟着我的那样子。下班后就带着我跟他朋友、同学一起去吃饭,一起玩,要不就是买菜到我住的地方一起做饭,吃完后待在房间里一起打游戏、看手机。后来有时候晚了他就留下来了,差不多过了两个月吧,他就一直住我这里了。

在接受笔者访谈时,23岁的技术工阿邵和女友小玫(20岁)同居已近半年,他同样讲述了恋爱初期两人几乎每天见面和感情迅速升温,两个月后女友就搬过来同住:

对她有好感开始追她的时候,白天就是网上聊,年轻人嘛,就是像抖音上的那种,"小姐姐,请问有男朋友吗?""小姐姐,你可以做我女朋友吗?"就一起闲扯嘛。晚上就约出来吃饭,一起玩。反正就是不断找她嘛,然后两个星期她就同意了。后来没过多久,正好她辞职了想换份工作,原来公司宿舍不好住了,要另外找住的地方,我跟她说"要不搬我这里来吧",然后就这样搬过来了。

人类学家阎云翔基于对中国东北下岬村进行的长达10年多的田野调查,对1949年至20世纪90年代的择偶变化做出了总结。他指出,在过去50年里,农村青年的择偶发生了从自主到浪漫的变革——20世纪50—70年代主要表现为青年人择偶自主权的增长,到了八九十年代发展为择偶中个人的爱情与亲密关系的体验,他称之为"择偶的浪漫革命",恋爱过程中亲密关系显著增强,订婚后未婚夫妻间的关系更加密切,婚前性关系也越来越普遍。他指出,这一变化是青年一代自主权上升的结果,同时推动了他们对自主权的进一步追求(阎云翔,2006)。

不过,阎云翔当时访问的下岬村青年,大多数人还是生活在家乡,是"在父母眼皮底下"进行恋爱行为的。因此,不管是"公开地郎情妹意地亲密往来",还是"在对方家里住上几个星期",这些行为都发生在订婚后。换言之,直到20世纪90年代,农村青年男女在订婚之前很少有浪漫与亲密关系的体验,即便两人一见钟情或是有热烈的爱情。相较于阎云翔研究的20世纪八九十年代农村青年,如今的农村青年普遍离开家乡来到城市工作和生活,他们有了更多的自由和个人空间,也有了进一步追求浪漫的机会。笔者的调查表明,他们可以在恋爱初期就发生性关系和居住在一起,不再需要等到订婚之后。

有意思的是,在阎云翔的研究中,20世纪90年代的年轻人订婚之后,一个新的风俗是姑娘都会在男方家里住下来(时间从一个星期到好几个星期不等)。20年过后,笔者调查中的流动青年同居者,有一些人同样也是按照老家习俗,订婚后就住在一起了。从相识到订婚,再到同居的转变,基本上发生在一两个月之内,故而也称这类受访者为"闪电式"同居者。

这类同居者按照同居时所处的地点,又有两种情形:一种是春节返乡回家过年的流动青年男女,在家人安排下相亲,如果两人相互中意,父母会很快着手操办定亲或订婚仪式,仪式当天女孩就在男方家里住下来,婚前同居阶段是在农村老家度过的,与阎云翔研究中描述的情况相类似。比如,质检员小爱在20岁那年回家过春节,相亲认识了现在的老公(同样是从外地返乡过年),"我们年前二十六见的面,正月初十他家来提亲,十二订婚"。按照家乡的风俗,订婚当天她就住下来了,之后一直住男方家。

笔者:你们什么时候住在一起的?

小爱:订婚后我就在他家啦。

笔者:订婚后就住他家?

小爱：是呀，订婚了就得住过去的，不能回娘家的。

笔者：这是你们那里的习俗吗？

小爱：是的。你可以回娘家住，但是你不能一直回去住。

笔者：也就是说订婚了以后，女方就要长期在男方家住了？

小爱：对啊，就是男方的人了。

当然，如今类似质检员小爱这样举办订婚仪式后就留在老家等待完婚的流动青年变得少见，更为常见的情形是，定亲后两人一起外出打工，在外租房同住。批发市场营业员小白是其中一个典型的案例。2017年春节，当时23岁的小白在老家经人介绍认识了现在的老公，两人相互中意，十来天后，男方父母来她家"下定"。定亲过后两人结伴外出，在工作地开始了同居生活。

需要说明的是，此种相亲—定亲—同居模式在"闪电式"同居者中只是少数，大多数的是在浪漫、激情、强烈吸引力下快速从约会向同居转变。

二、谨慎型同居者

第二类同居受访者在同居前与对方交往了4个月到半年，他们在描述恋情发展经过时，通常会表示自己当初对是否要进入同居持谨慎的态度。在经过一段时间的接触和了解，双方对这段恋情越来越认真之后，才决定进入同居状态，比如本章开头提到的小梅，因此笔者把他们称为"谨慎型"同居者。

这类同居者与"闪电式"同居者的区别首先在于，他们在描述自己行为时的感受，以及做同居决定时的犹豫、谨慎态度。这些受访者普遍认为同居是一段恋爱关系的转折点，代表着感情变得更加稳固，因而只有经过一段时间的交往和有了更深了解后，才适合做出同居决定，即使当中不少人在几次约会后就确立了男女朋友关系，之后每星期见面的次数和时间也很多。商场门店营业员玲玲在20岁时与男友相识，在男方追求了两个多月后，她觉得他这个人挺实在的，对她又好，于是答应做他女朋友，但是两人又继续交往了近3个月，她才决定同居，原因在于她认为"同居毕竟还是不一样，先要多了解一下才比较好"。在她看来，只有认真交往好几个月才有可能达到这一点。

这类受访者都赞成同居,但对于他们自己,往往会谨慎地推动自己的恋情往下一步——同居——发展。22 岁的设施检修工阿航先是表示两个人恋爱后就住在一起"很正常",但对于他自己与女友的同居,他强调自己当时并不急于搬到一起:

> 虽然我跟她的男女朋友关系确立得比较快,刚认识没几天,如果马上同居,肯定也有很多问题,还是需要时间磨合吧,要相互了解之后。这也算是我第一次谈恋爱,别人我不清楚,但我的爱情观是,要经过几个月、半年的时间,要相互了解,三观、性格这方面的磨合,是不是符合自己或者对方的要求,这样的话才可以确定是不是以后想要结婚的人,再走到同居这一步。要双方明确之后,就像我刚才说的磨合,商量好以后,这样搬到一起我觉得是最好的。我不喜欢什么事情都没有商量好就住在一起,以后又因为各种小事闹起来。因为搬到一起了,闹了,还在一间房里,就怕平复不下来心情,闹得更严重,之前是分开的,闹了以后你回你宿舍,我回我的地方,可以冷静一下。

在焦点小组讨论中,认为同居代表着恋情发展到一个新阶段的流动青年男女一致表示至少要交往半年左右,双方都有充分了解后,同居才是合适的。他们还对那些在约会一两个月就住在一起的情侣持否定态度,认为这种情况往往发生在那些对感情、对同居很随意的人当中。

——太快了肯定不好,还不太了解,起码要等上半年吧,这样比较好。

——有些人比较随便,可能 10 天、半个月就住到一起,合不来再分。但我认识的人当中,很多是想着以后要结婚的,就没那么快同居,都是先交往一段时间的,觉得这个人不错,才会走到这一步的。

——是的,这个主要看你是想随便谈一个,还是说想着往结婚方向走的,想着结婚,肯定考虑就多一些,不会那么快住一起。

(焦点小组第四场,苏州)

"谨慎型"同居者有别于"闪电式"同居者的另一个特征是,他们的恋情是以一种渐进的方式发展的。有些人在交往初期关系平平或者并不是很满意对方,甚至同时还有过其他的约会对象,或是发生过短暂的不联系、分手的情况,经历过好几个月的反复和波动后,关系才稳定下来,并进入同居状态。小芝与老公通过玩网络游戏结识,进而发展到线下见面。问及初次见面的感觉,她表示:"没有感觉。我跟他认识之前也没有谈过恋爱,两个人见面以后,也没有什么感觉,见了面就见了面嘛,但是后面断断续续联系,就联系出感情来了,觉得这个人还蛮好的,就谈了。"小翠15岁时就与现在的丈夫谈恋爱,她说在恋爱头几个月,她一直在犹豫是不是要继续谈下去,因为当时很介意他个头不高(她自己身高有一米六八,穿上高跟鞋身高就超过了他)。事实上,其间出现了好几个自身条件和家庭条件都更好的追求者,她也与这些男性约会过。这样犹豫和比较了将近半年的时间,小翠觉得在关心人和照顾人上,还是现在的老公做得更好,也更让她有信任感。"谈下来还是觉得跟他在一起更开心,更有安全感,想着就他了,矮一点就矮一点吧,人好才是最重要的。"此后她不再摇摆不定,两人也搬到了一起住。

美发师阿建与女友是同事(在公司另一家门店当前台),两人同居刚好三个月。阿建表示,他对女友一开始"不太喜欢",是女友主动来追求他。在不温不火地交往了三个多月之后,阿建说他"不想处了",因为"女孩老猜疑"。他提出分手,两人分开了将近一个月的时间。但即便分手了,两人时常在公司开会时见面,微信上还是会不时聊天。正是这些交流让阿建对女友的看法有所改变,觉得还是可以再继续交往下去。恋情重新开始后,阿建让女友搬过来住。总而言之,在恋情初期对这段感情的不确定使得关系的发展节奏变慢,因而进入下一阶段需要更长的时间。

在"谨慎型"同居者中,另一些人是由于早期约会阶段两人见面的次数较少而延缓了关系的发展节奏,这在流动青年群体中是较为常见的情形。比如,小梅刚与丈夫认识时两人都在杭州上班,但还是"离得远,他就是星期天会去看我"。实际上,在上海、北京、深圳这样的特大城市,以及杭州、广州、长沙之类的省会城市,即便两人在同一座城市,如果上班地点不在附近的区域,很可能只有在周休时才有见面的机会。小芸在北京顺义区的一家商场当导购员,男友也在北京上班,同居之前两人多是靠微信聊天和视频,见面次数不多,"因为不在同一个地方,他在望京,也比较远的,偶尔会见面吧,我一个礼拜才休一天,也没有太多的时间"。

除了"离得远",工作时间是影响见面机会的另一重要因素。流动青年在城市中主要集中于制造业和服务业,工作时间长、上下班时间非常规是他们工作时间的突出特征。例如,在制造行业,订单旺季赶工而加班到晚上10点以后,或是工厂实行三班倒,都是非常普遍的现象;在服务性行业,如商场、美容美发、饭店等,上班时间大多是从早10点到晚10点。在很大程度上,工作时间上的这种特征也会限制流动青年在恋爱关系早期的约会次数,让关系发展节奏放慢。21岁的机电生产工阿成和女友的上班地点相隔不远,乘坐公交车仅十多分钟的路程。但是阿成表示,他所在的工厂经常加班到晚上10点、11点。另外,有时候女友上夜班,而他上白班,导致他和女友只有靠周末和放假才有机会见面。咖啡店服务员小迪是这样描述恋爱初期与男友交往情形的:"我们两个一天就是什么样的呢,早上他微信上说个'早',我也说个'早',然后晚上再说个'晚安',最多有时上班之前、下班之后,稍微聊一聊。他干活也挺忙的,我上班时间也不能玩手机,也不能看手机什么的。晚上10点关店,店里还得再收拾整理一下,下班到10:30了,我住的比较远,要赶紧乘地铁,所以平时很少有时间见面。"这些阻碍让关系的发展节奏变慢,导致进入下一个阶段需要更长的时间。

在调查中,流动青年还提到了在约会早期阻碍见面的其他一些外部因素,如交通不方便、出于安全考虑、没有地方约会见面等。这些限制性因素不仅让关系发展缓慢,有时甚至让一段恋情因为见面次数少而自然而然地结束,没有进一步发展,如进入同居阶段。24岁的阿胡是深圳一家电子厂的生产线员工,目前单身,不过接受访谈的前一年有过一段恋情,只是还没有进展到同居就结束了。

笔者:上一段恋情持续了多长时间?

阿胡:有大半年吧。

笔者:后来是什么原因没有继续了呢?

阿胡:可能她觉得没恋爱的感觉吧。

笔者:为什么呢?

阿胡:我们是在厂里打工认识的,就是在一个厂里面。她性格比较好,比较开朗,追了一两个月吧,就答应做我女朋友了,周末的时候聚一下,出去玩一下。

笔者:这不是挺好的嘛,她怎么会觉得没恋爱的感觉呢?

阿胡:因为后面她跟她闺蜜去了另外一个厂,那边待遇更好些。不在一个厂了,见面就少了,分开久了就淡了,两个人在一起的时候还好,没有在一起,时间久的话,关系肯定就没有以前好。

笔者:两个厂离得很远吗?见面不方便?

阿胡：也不算很远吧，但是坐车不方便，没直达的，要换车。我本来下班就晚，再等车、倒车的，就更晚了，找她的次数就少了点吧，她可能觉得不像别人恋爱那样黏糊，慢慢地微信也不怎么回复了，后来就断了。

三、推迟型同居者

最后一类向同居转变的速度最慢，同居前的交往时间在半年到一年多为主，但也不乏长达两三年的，最长的超过了5年。笔者称这些人为"推迟型"同居者，原因在于他们受制于一系列外部因素而推迟了向同居转变的速度，包括两人在学校时开始交往、在不同城市、一方与父母同住、经济原因以及家乡习俗，等等。

空间距离是最常提及的让同居推迟的因素。家庭社会学家从社会结构角度提出了择偶过程中三个相互依赖的原则，其中之一的"邻近性"原则，是开始交往互动的必要条件，这是由于"社会交往的频率取决于社会接触的机会"，而有可能促使关系形成的偶遇和互动机会随邻近性的增加而增加（Rivera, M. T., Soderstrom S. B. & Uzzi, B. 2010）。然而，随着智能手机和QQ、微信等社交媒介的兴起和广泛使用，"邻近性"原则在恋爱交友中的重要性显著降低了。社交媒体创造了虚拟的婚配市场，减少了和潜在恋爱对象结识、互动的地理空间限制。

出生于20世纪90年代的新一代流动青年，在他们陆续步入婚恋年龄阶段时，正是智能手机和社交媒体快速成为人们日常交流工具的时期。一个最直接的影响是，异地恋情变得常见。身在不同地区的年轻男女，在QQ、微信上互加好友后，随即展开的日常聊天、视频和互动，就很可能让两人建立恋爱关系。这些始于异地的恋情，既有像本章开头提及的阿勇和小秀那样，迫不及待地前往见面，见面后迸发的激情让他们产生与对方紧密结合在一起的强烈意愿，故而很快结束分隔两地的现状。但同时，也有很多人出于各种原因而保持异地状态，利用月休假、节假日，前往恋人所在的城市约会见面。

阿德与女友已由同居进入婚姻，当初两人异地交往一年多后，女友才来到他所在的城市与他在一起。阿德告诉笔者,两人是中专同学,从学校毕业后去往了不同城市打工。恋爱交往是工作之后才开始的,当时两人因为同学关系在下班后会在 QQ 上聊天,随着网上联络增多,互生好感,开始以恋人关系交往。在前面一年多的时间里,只有在五一、国庆等节假日,阿德才会去看望女友,平时都是通过手机聊天、视频来维系这段感情。

工作地点变动不居也常常使流动青年从约会向同居转变的节奏放慢。在流动青年群体中,就业的流动性是一个较为突出的特征,有些人是主动"跳槽",在不同的工厂/公司、行业以及城市之间变换,也有许多人是身不由己地处在一种流动状态之中,上班地点和居住地点时常发生变动。例如,从事室内装修工作的人,一个项目结束后就要搬到同一座城市的另外区域继续新的项目,类似的还有建筑、基建工地上的从业者。在美容美发、餐饮、商业服务行业工作的人员,则常常可能会被公司派到新开的门店上班,或是被公司根据经营需要而调派至不同区域,甚至是不同城市的门店上班。一旦发生工作地点变动——不管是主动还是被动,同居节奏都会因为一方的暂时离开而放缓。

电机厂操作工小月与老公在定亲后差不多过了两年才搬到一起住,当被问及原因时,小月说,在刚相识时两人都在苏州工作,但她老公干的活是墙壁粉刷,跟随装修队在苏州市内的不同小区落脚,无法稳定在一个地方租房同住。即便后来两人在小月上班地点附近租了房,他还时常会因为接的活太远而三五天不回来住。在笔者的调查中,小露是同居前交往时间最久的受访者,长达 6 年多。她的恋情从高一暑假开始,高中毕业后,两人没有继续上学,离开家乡前往武汉打工,但在武汉的三年多时间里,感情早已稳定的两人一直没有住在一起,她解释说:

因为他开挖机,一般都在偏远的地方,山里边啊,或者哪里,坐车也不方便,反正很少见面吧……基本上每天都会打电话沟通的。就这样过了三四年吧。然后过年见一下面,基本上平时一个月见那么一两次。

除了空间距离导致同居速度放缓,来自经济方面的考虑也可能让他们推迟进入同居的速度。对于大多数外出工作时间不长、年龄在 20 岁出头的"90 后"流动青年男女来说,工资收入水平相对较低。他们中的一大部分人是住在公司/工厂提供的免费或低收费的集体宿舍(叶炜、肖璐,2018)。尽管居住拥挤,更谈不上什么私人空间,但高昂的房租打消了许多年轻人在外租住的想法。在笔者的受访者中,那些上班地点在大城市的市中心,如北京、上海、深圳以及苏州、杭州等城市,经济考虑对他们居住选择的影响十分突出,公司宿舍是他们的首选。即使在有了稳定的恋爱对象后,考虑到在外租房的经济压力,也很容易让他们推迟进入共同生活的阶段。

23岁的美容师Kitty是笔者在上海见到的一位受访者,对她有长达一年半的多次访谈。2018年5月,笔者第一次在她上班的美容院访谈时,她有个交往一年多的男友,对方是美发师,就在隔壁的美发店上班。由于上班的地方只有一墙之隔,每天都可以找机会见面聊一会儿。两人每周有一天的休假,他们选择放在同一天休,这样有时间一起出去逛街、吃饭,节假日还会一起去旅游。她表示两人现在的感情相当稳定,还笑称是"老夫老妻了"。但是,当我询问两人是否住在一起时,她否认了,说是住在各自店里的宿舍,房租太高让两人对是否要搬出来一起住犹豫不决:

笔者:你们现在住在一起吗?

Kitty:没有,我住宿舍,他也住宿舍。

笔者:是觉得现在两个人的关系还没有发展到那个程度?

Kitty:也不是啦。住也可以,不住也行。住在一起,因为说实话,房租压力确实蛮大的,你要租个近一点的,三四千的月租肯定是打底的。我们店上次不是要换宿舍嘛,我就了解了一下,附近就没有低于3 000元的。租远一点的话,又很不方便,还要挤地铁,好累啊,我们下班又晚,到家要十一二点了,身体吃不消的……上海的房价高,感觉每个月的工资全都花在房租上了。

在上海的一场焦点小组讨论中,小组成员的话语印证了Kitty出于房租压力而推迟同居的说法,他们一致强调了上海市区房租压力对同居的阻碍作用。

——我们公司周边租金好贵,到外面住不起。

——是的,我有一个同事,她跟她男朋友谈好久了,感情很好,但她一直跟我们住宿舍,她就说了,两个人在外面住的话,房租太高,压力会很大。

——我以前在嘉定那边上班的时候,厂里谈了朋友的同事一般都是在外面租房子住的,那边房租不高。来徐家汇这边上班后,我发现那些有男朋友的人也跟我们一样在宿舍住,她们说近的租不起,远的会便宜些,但晚上下班晚又担心安全问题,而且花在路上的时间也会很长。

(焦点小组第一场,上海)

  家庭因素也很重要,如果恋人一方与家人同住或有家人在同一个城市,从约会向同居转变的节奏很可能会被有意推迟。学界对流动经历会增加婚前同居可能性的主流解释是,流动使青年人远离父母和家乡道德规范的约束,更容易在恋爱期间与对方共同生活在一起(宋月萍等,2012)。笔者的一些同居受访者——特别是女性,表达了相似的看法。比如,本章前面提到的谨慎型同居者玲玲说:"要是我就待在老家县城上班,没到北京这边来,肯定不会这么早跟他住一块,因为父母知道了要说的。"闪电式同居者小玫告诉父母她有男朋友了,却隐瞒了两人已经同居的事实,这是因为"他们知道会反对的,毕竟还没有带回去给家里人看过,父母他们还是老观念吧,会觉得什么都还没说定呢,不好住在一起的"。

  然而,从农村来到城市工作的,除了年轻人,还可能包括他们的父母。"90后"流动青年出生的年代正是我国农村劳动力开始大规模向城市流动的时期,他们的父母很可能就是学界所称的出生于20世纪六七十年代的"老一代流动人口"。这一点在受访者自述成长经历时得到了印证,许多人有过当"留守儿童"或"流动儿童"的经历。在他们离开学校来到城市寻找就业机会时,不少人的父母依然在外工作。因而与父母在同一个城市打工,在"90后"群体中并不少见。在恋爱过程中,如果一方的父母在同一座城市,无论是否住在一起,都可能因为顾虑父母的态度和看法而放缓同居的节奏。职校毕业后来到长沙工作的娟子,与同事出去玩时认识了现在的老公,确立恋爱关系两个月后,他提议娟子搬过去一起住,遭到娟子的拒绝,原因在于"他当时和父母住在一起,我觉得这样住过去不太好"。直到半年多后娟子怀孕了,为了便于得到照顾,她才搬过去住在一起。文员小菊有一个正在交往的男朋友,但她告诉笔者说暂时还没有同居的打算。原来她父母早在2008年就来到北京开了一家做铝合金门窗的店面,小菊高中毕业后也来到北京找工作,"我跟他们一起住的,从我出来到现在都没有离开过他们"。正是因为与父母同住,让她打消了同居念头,"因为我们还没有正式定下来,父母的观念要传统一些,我也不好意思跟他们说要搬出去住"。

  一些流动青年尽管远离家乡,但对家乡有关恋爱、择偶的风俗习惯保持着高度的认同,即使在外地也坚持"老家的规矩"延缓同居节奏。设备维护工阿坤的老家在甘肃，2016年下半年，在初中同学牵线下，他与邻村一个女孩加了微信好友，当时阿坤在新疆打工，女孩在江苏南通上班。年底回老家过年时，微信上聊得很好的两人相约见面，彼此都中意对方，正式确立了恋爱关系。了解到南通的工资水平比新疆高，工作机会也更多，春节过后阿坤跟随女友一起来到南通。两人一开始是分开住宿舍，直到当年国庆节过后，才搬离宿舍在外租房住在一起。原因在于，他们老家的观念是订婚之后才能住在一起，他和女友在国庆假期回老家举行了定亲仪式，返回南通后就在外租房同居了。

　　需要指出的是，这类推迟进入同居的流动青年并没有推迟发生婚前性关系。在建立恋爱关系后不久，或是在一段时间的交往后，他们就发展到了有亲密性行为这一步（恋情始于校园的受访者是例外，他们都自述离开学校之后才有性行为）。这类人在约会和同居之间，经常还存在一个过渡期——过夜、短期留宿。在同居之前的周末或是节假日，一方在见面约会后留下来过夜是很常见的现象，外出旅游时都会选择住在一起，还有人在工厂因订单不足而放轮休假期间，去到在异地上班的另一方那里待上十天半个月。比如，小月的老公在两人婚前同居之前，只要在完成上一家刷墙工作和到下一家刷墙之间有时间空当，他就会住到小月这里，有时是住一两晚，有时是七八天。

　　在过去的几十年里，人们的恋爱择偶行为发生了巨大的变化。与上一两代人相比，如今的年轻人有更多的与异性约会、交往机会，性亲密行为乃至共同生活已然是恋爱过程的一部分。不仅如此，亲密关系的进程也在不断加快。西方学者观察到，自20世纪60年代以来，西方社会年轻恋人的关系从一开始就经常以性亲密接触为特征，如今的年轻人更快发展到这一步，从初次约会到开始性关系和进入共同生活的阶段，甚至可能再到结束，常常发生在几个月之内（Sassler, S. & Lichter, D. T. 2020）。20世纪90年代以来，对于中国青年人的婚前性关系和恋爱交往行为，国内学界出现了相似的观点。比如，一些学者认为，改革开放以来青年人在性观念和行为上正在经历一场"性革命"。对于在年轻流动人口中未婚同居现象逐渐增多的趋势，学者们普遍认为这些同居是冲动、轻率的，一般交往数月即同居。

　　但笔者的调查研究表明，情况并非如此。在"90后"流动青年群体中，同居关系发展的速度存在很大的差异，这与恋人间的吸引力、适合度有关，也与个人所处的具体情境有关。与媒体和大众的印象相符,有一类受访者称得上是"闪电式"同居,恋爱关系发展迅速,充满激情,强调浪漫和吸引力,一旦恋爱关系确立,同居就是"下一步"。但是,笔者调查的大多数同居受访者并不是如此迅速地投入同居生活,他们或是在已经交往了足够长的时间,觉得已经准备好在这段关系中迈出另一步,才谨慎地做出同居决策,或是受制于各种外部因素而放慢了同居的节奏。

第二章 从约会向同居的转变：动机与意义

在受访者回顾自己的恋情是如何开始和何时进入同居时，笔者都会追问他们一句，为何会在当时做出同居的决定，进入同居这一步对他们来说意味着什么？比如，第一章提到的闪电式同居者阿邵，他在女友小玫要另找住处时，提议让她搬过来和他一起住，当时两人才约会交往了两个月。笔者问他："当时是出于什么考虑让她住过来，在你看来，两个人谈恋爱和两个人生活在一起有什么不一样吗？"阿邵不假思索地回答道："我不是随便说这个话的，如果只是谈朋友，没有要结婚的想法，我不会说'你住到我这里来吧'。"笔者也问了小玫同样的问题，当时为什么会答应搬到阿邵的住处。小玫告诉笔者，她并没有立即同意搬过去，"他这样说了以后，我也在犹豫要不要住过去，后来想想两个人谈得还不错，以后是想往结婚这个方向走的，就答应了"。

与阿邵和小玫一样，笔者调查访问的绝大多数同居者——不管他们按照笔者在第一章的分类是属于闪电式、谨慎型还是推迟型——是把婚姻作为同居的首要推动因素。即使是那些没有同居经历的访谈对象，也倾向于把同居和婚姻联系在一起。这并不令笔者感到意外。事实上，有关同居观念的调查结果显示，中国青年人更接受以结婚为前提的同居（徐安琪等，2013）。

尽管受访者把婚姻作为进入同居的首要动机，但他们对婚姻是同居前提的理解和实践却有着鲜明的差异。比如，阿邵和小玫的理解是有与对方结婚的想法，另外一些人则是理解为有了婚约之后——定亲、订婚（例如第一章的推迟型同居者阿坤），或者至少是父母认可接受这段恋情。此外，男性和女性受访者在讲述如何把婚姻作为同居的动机时，话语中也展现出明显的性别差异。总之，虽然流动青年普遍把婚姻作为同居的首要动机，但实践中同居和婚姻联系的紧密程度却高低不一。

一、进一步发展关系：以结婚为目标

不管从约会向同居发展的速度如何，在调查中，大多数同居受访者非常肯定地表示，自己的同居以结婚为前提和目标，无论是在直接被询问还是在回答其他内容时，他们言语间多次表述了同居决定与结婚意图之间的联系。一些人的话语直截了当，"有结婚的想法，有结婚的打算，才会这样"，"我俩就是奔着结婚去的"，"说实话，我谈是奔着结婚去的，没有说看看不行再换一个"。21岁的产品销售员阿茂，与女友小宁同居已近4个月，当被问及同居的原因，他非常肯定地把结婚意图作为同居的首要动机："如果没想着跟她结婚，我根本不会同居。"办公室文员小何则说："过年时家里催婚，我想还是要找一个自己喜欢的，当时他跟我表白也有一段时间了，对我也挺好的，我想着就他了吧，这样才答应与他住一起的。"

那些恋情经历过波动的谨慎型同居者，他们讲述的从约会向同居转变的过程，更为清晰地反映了同居决定出现在感情稳定、把对方视作未来结婚对象之后。比如，美发师阿建，我们在第一章已经看到，他在恋情的早期阶段对女友并不是很满意，中间还经历过短暂的分手期，他对同居经过的叙述清楚地展现了同居是迈向婚姻的一步：

阿建：当时朋友撮合我俩，我觉得可以尝试一下，加微信聊，差不多有半个月了，就确定关系，在一起了吧。

笔者："在一起"是指你们住在一起吗？

阿建：那会儿还没有，还没有住一起，那会儿的话都不去我家的（阿建与母亲在北京租住的房子），我也不让她去我家的。

笔者：为什么呢？

阿建：那会儿感觉不太合适，女孩儿老猜疑，脾气也感觉不太好，那种性格的话，交女朋友可以，但是我觉得要是走到结婚那一步应该没人愿意……过了好几个月吧，经历了一些事情之后，感觉她改变很多……是适合领证、结婚的那种……那天晚上她从老家返回北京，我去车站接她，就直接把她带回家了。

笔者：所以，你是在有结婚想法后才决定住在一起的？

阿建：是的，至少是觉得她这个人是适合结婚的对象，不然的话不会走到这一步的。有的女孩子追求浪漫，玩心大。有的人适合做妻子，可能不会浪漫什么的，但我觉得她纯朴一点的话，更踏实一点，可以和你走进婚姻，要不然可能半路断了。

即便是那些在接受访谈时已经分手的受访者，说起之前的同居经历时，同样强调当初是把对方当作结婚对象才从约会进入同居的。24岁的机电厂生产线工人阿宏和前女友是同事，两人在同居半年多之后分手，回忆起当初的同居决定，他同样表达了想要与对方往结婚方向发展的初衷："谈了一段时间感觉挺好的，自己也不小了，可以考虑结婚了，就和她说搬出来住。"商场门店店员文文在21岁时和前男友相识，交往5个月多后搬去与男友同住。文文这样描述她决定搬到男友住处时的考虑："那个时候谈了也有好几个月了吧，虽然没有明着说出来，但我知道他是认真的，是想结婚的那种，我才愿意住过去的。"

要全面地理解流动青年群体的同居态度和行为，那些有过恋爱但没有进入同居的人的观点也非常重要。对于这类访谈对象，笔者询问了他们当初为何没有进入同居。与有同居经历的受访者一样，这些人同样把婚姻视作同居的前提，他们之前的恋情没有从约会进展到同居，主要在于自己还没有结婚的想法，或是认为对方不是理想的结婚对象。

以从事工厂仓储物流工作的阿振为例，他在接受访谈时已28岁，处于未婚无女朋友的状态，家里人都为他的婚事着急，他自己也盼望能早日"成个家"。自18岁离开学校外出工作以来，阿振谈过几次恋爱，最长的一段恋情超过半年，最短的两三个月。但是，这几次恋情都没有发展至同居关系，"因为交往一段时间，了解了，就知道不合适，就分开了，没有到这一步"。笔者问他"没到这一步"的具体意思，他解释说："两个人要处到觉得是适合结婚的对象了，才会商量说要不要搬到一起住。我们当时关系还没到这个份上，也就不可能那个（同居）了。"

同样，21岁的办公室文员小娇在一年前有过一个男朋友，两人交往4个月左右时，男方被公司从深圳工厂派到了在安徽新开办的工厂，这对恋人自此分隔两地，没过多久就分手了。当笔者问及是否与前男友同居过，她表示"没想过要同居"，原因在于"只是都有好感吧，都要上班嘛，平时微信上聊得更多些，见面不多的,反正我感觉不是很正式、很认真,跟那些谈了打算结婚的不一样,所以没那个想法"。

显然,不管是阿振将没有同居的原因归结为"没到这一步",还是小娇归结为关系"不是很正式",都清晰地表明他们将有婚姻意向作为同居的基础前提。

西方学者的研究表明,即便是把同居当作婚姻过程中的一步,人们进入同居时对关系的承诺水平也是存在差异的。一些人倾向于把同居看作婚姻的前奏,认为对方是未来婚姻伴侣时才开始同居,同居意味着一种更大的关系承诺,也是推进关系进一步发展的途径。另一些人则倾向于将同居视为"试婚",与婚姻并没有明确的联系,进入同居之时没有认为对方是未来伴侣,而是把同居作为检验彼此是否合适和确定关系是否应该更进一步发展的方式(Thornton, A. & Young-DeMarco, L. 2001)。在西方学界,一种普遍的看法是,当今年轻人正在对伴侣承诺水平不高的情况下就开始共同生活,越来越少的人在同居之初就有明确的结婚意图(Sassler, S., Michelmore, K. & Qian, Z. 2018)。这些行为变化反映在态度的巨大转变上。研究人员对 1988—2008 年国际社会调查项目中关于婚姻和亲密关系问题的回答趋势进行分析后发现,在 21 个工业化国家中,对同居的赞同很少取决于婚姻计划,大多数人支持"一对伴侣即使不打算结婚也可以同居"的说法(Treas, J., Lui J. & Gubernskaya, Z. 2014)。

相比之下,国内为数不多的几项针对青年同居者的定性研究表明,中国青年人的同居似乎更多地表现为"婚姻的前奏"。赵璐(2018)对 25—30 岁的高学历城—城流动青年同居者的研究结果显示,受访者进入同居时对未来规划性高,同居等同于"等婚"状态。另一项研究也有类似的发现,进入同居的初衷明确以结婚为目的,同居是为了进一步地发现和了解对方,从而最终确认双方是否适合做终身伴侣(于志强,2019)。对此,研究者一致指出,这主要是受到中国家庭主义文化价值观的影响,使同居具有规范性目标追求,在同居之前就有结婚的规划。

笔者调查中访问的大多数流动青年对同居的功能定位也是如此,在他们看来,同居是在认定对方是未来结婚对象之后才迈出的一步,通过朝夕共处让彼此更了解,进一步加深感情,而不是通过同居来确认对方是否为合适的结婚对象。在普遍的婚姻动机背后,同样可以看到家庭主义价值观的影响。许多人在将婚姻作为同居的动机时,往往会进一步解释说"自己也不小了""好些同学孩子都有了"或是"家里早就催了"。他们对自己到了适婚年龄表现出一种高度认同,有时甚至是一种焦虑，期待经由同居尽快地走向婚姻。以前面说到的商场门店店员文文为例，她来自四川遂宁，她说在老家，不管是男孩还是女孩，只要不再上学，周围人就认为可以找对象成家了，到二十一二岁结婚都算是晚婚了。文员小妍直言："我现在已经24岁了，还单着，谈恋爱肯定是以结婚为目的，以这个为前提的。"因而在和前男友约会交往四五个月后，发现两人不合适，不仅拒绝了他的同居提议，还提出了分手，"我觉得没有必要了，我想象不到我们的以后，没有以后的话在一起就是浪费时间、浪费感情"。

这表明，对社会规范的"年龄到了"的敏感和顺从，很大程度上促使流动青年将同居与婚姻明确相连。

二、订婚后同居：向正式婚姻过渡的阶段

以往的观点认为，新生代流动人口的同居是受城市的现代文化和价值观念冲击而发生的行为，还指出同居是一种有悖于农村传统社会规范的现象（贺飞，2007）。然而，早在21世纪之前，一些研究人员就观察到在中国部分农村地区，定亲后男女的亲密交往，比如婚前性行为、留宿甚至是同居，发展成了一种常见行为。例如，严梅福、石人炳（1995）在对20世纪80年代中国早婚现象回升的原因分析中指出，在农村地区年轻男女一旦订了亲就过往甚密，女孩可以不时到男家逗留住宿，家人和亲戚邻里都视为正常。高尔生等人（1997）在20世纪90年代中期对上海市区郊县婚前体检男女青年的调查中发现，由于郊县有订婚习俗，再加上居住条件好，订婚后青年男女就可以公开同居。

阎云翔更是对1949年到20世纪90年代末农村青年订婚后的恋爱与婚前性关系的变化进行了深入考察。他指出，在20世纪五六十年代，订了婚的青年人在婚礼前被允许上门互访几次，但男女双方单独在一起的时候很少；70年代早期出现了允许订婚男女在规定的时间与空间内单独相处的新习俗——住旅馆照订婚相；到了八九十年代，未婚夫妇可以在任何一方家里约会，经常会有人在对方家里住上几个星期。未婚夫妻的婚前性生活已经在某种程度上为社会所接受。他还指出，更重要的是，"父母一辈对未婚夫妻性生活的态度已经从反对转变为容忍，而婚前性生活也从原先短暂的住旅馆照订婚相变为到对方家中的长

时间逗留"。(阎云翔,2006:95-96)

显然,这些引述表明了一点,以订婚为基础的婚前性关系和短暂同住在20世纪八九十年代已经在中国农村社会流行起来。在笔者的调查中,有一类同居受访者也正是延续了这一风俗习惯,变化之处在于,由过去的到对方家中逗留、住宿演变为两人在外地单独居住。在同居之前,这类同居者已经有了婚约。婚约的缔结有多种形式,一些是像过去那样,由父母、男女青年都"到场"的提亲、下定或是订婚;一些男女青年由于工作原因不便返回老家,双方父母在老家替他们完成定亲的程序;还有的是两家相距太远,双方父母通过电话联系把亲事商定下来。在有婚约之后,同居成为一种自然的选择,"订婚后她就从她姐家搬出来了,我们另外租房子住"。"两边父母都同意了,我们就在一起了。"

这些在同居之前有订婚经历的受访者与伴侣大多是自我结识,两人可能是同学、同乡、同事、网友,或是在其他场合中偶然结识。在恋爱关系建立一段时间后,出于对自己到了适婚年龄的认知,或是因为家人催婚、提出要介绍相亲对象,他们把恋情告知家人。第一章提到的推迟型同居者小月,是在父母让她去相亲后才坦白自己有交往的男友了,"他们让我回家相亲,我说不想相,回家看了两个都没有看上,她就问我是不是谈了,我说是谈了,就带他过来见了个面"。无独有偶,对方也是这种情形,"他父母好像也是因为叫他回家相亲,他没精打采的,也不主动,他父母就说,你如果在外面谈了,就告诉我们,我们就不给你介绍相亲了。后来他就说了,把我照片拿给他父母看了"。一旦双方父母对子女的恋情表示满意,接着会出面按照地方风俗操办提亲、下定或订婚。

大刘是苏州一家电机生产厂的流水线操作工,由同居步入婚姻不久。他与妻子的相识始于一次问路,当时两人互加了微信,很快从微信聊天发展到外出约会。交往一个多月时,大刘的父母(也离开老家来到苏州,在大刘弟弟家帮着照看孩子)让他去和一个老乡介绍的女孩子相亲。大刘拒绝了,"我说不用了,我有女朋友了"。与大刘家情况相似,妻子与她姐姐都在苏州工作,她母亲也离开老家来到苏州帮着姐姐带孩子。在见过父母之后,女方母亲声称她们老家有订婚习俗,要求大刘家在苏州办一个订婚仪式,之后两个年轻人好名正言顺地交往和租房同住。

一些在同居之前有订婚经历的受访者,其婚恋实践与近年来在流动青年群体中涌现的"返乡相亲"婚恋模式有相似之处。例如,双方结识是经由家人、亲朋好友或媒人介绍,第一次见面发生在返乡后,但因为当今网络社交工具发达,让他们的婚恋实践更接近于自由恋爱。比如,介绍形式通常是提供一个手机号码,实际上是由两人在外自行联系,而返乡见面、定亲只不过是先前网络约会进展顺利的结果。23岁的店员小昕是这样描述她与同居男友的结识过程的:

> 介绍人是我爸的表弟,就是把我的号码给了他,后面他加我微信,正好都在北京,就这样聊起来了……当时离得有点远,我这边下班晚,周末也忙,他也走不开,就是微信上聊,一个月不到吧,就到过年了,正式相亲见面是过年回家的时候,因为父母问我感觉怎么样,我说聊着还行吧,这样才安排了正式见面的。

文员小菊正在交往的男友是经由媒人介绍的,"那个奶奶,就是媒人嘛,打电话给我爸,说这个男孩子家里有房有车,家里是做水暖的,他家里就一个儿子,还有一个姐姐,姐姐是教书的。然后说这个男孩子也特别好,比较老实,父母也不是多事的人,就觉得挺好的"。小菊的父母听了媒人介绍的情况后,觉得可以先接触了解一下。于是,两个年轻人加了微信,展开了早期互动和联系,"10月加的微信,到过年我回家以后就见了个面。因为本来也聊了一段时间嘛,那个时候没有确定关系的。回家见了一面,感觉还行,就确定下来了"。

像大刘这样双方父母都在流入地的情况还是属于少数,更多同居前定亲的流动青年是独自在外,身边没有家人,但他们依然选择遵照家乡的婚恋习俗,将定亲作为同居的前提。例如,第一章提到的延迟型同居者阿坤,即使身在远离家乡甘肃的江苏南通,也要按照"老家的规矩",等到订婚后才开始同居。服装店店员小英与丈夫是同乡,两人相识于春节回老家期间的一次同学聚会——那时小英19岁,她丈夫21岁——"我们不是同学,但是同一个学校的。当时我有几个挺不错的同学,也是男的,说没事出来玩会儿吧,我们就出去玩了,就在我们村后边的一座桥,正好他也去了。大家就一起聊天嘛,他们问他有对象没,他说没有,大家就开玩笑说,你也没有,她也没有,你俩凑个对刚好……后来我们就加了个电话,那时候没有微信,就QQ聊"。春节过后,两人都离家返回各自的工作地——小英返回天津,他则是去到北京。没过多久,他就趁周末休息时间来天津找小英,表达了想和她正式交往的意愿。小英觉得两人在一起聊得很愉快,也想着自己到这个年龄,该考虑找对象了,于是答应了他。两人开始了异地恋情。不过,"我那会儿的厂子里有很多男孩,也挺聊得来,他觉得不放心,就不想让我在那了。他走了也就一个来月吧,就说让我来北京"。

与那些把对方视为未来结婚对象就步入同居的受访者不同的是,在小英去北京之前,她丈夫先是打电话告诉他父母自己和小英"处上了",让父母请媒人上小英家提亲。媒人上门过后,小英父母打电话询问小英两人的发展情况,确认女儿很满意男方后,小英父母给媒人传话说答应定亲。就这样,双方父母在老家替他们操办了定亲流程,小英也离开天津来到北京,两人开始共同生活在一起。对于当初为何要先定亲再前往北京,小英说:"这是我们那里的规矩,定过亲才好住一起。在外面我知道好多别的地方不讲究这些了,但我们那里好像一直都还要的。我俩又是一个地方的,更加要注意这些,被别人说嘴也不好听嘛。那个时候我过去的话,两个人肯定是要住一块的,所以我们就商量着先让他父母去我家提亲。"

25岁的小慧是一名商场营业员,由同居进入初婚还不到一年。她与老公的恋情始于中职校园,离开学校后两人曾一度分手,原因在于她不愿意不经父母同意就和他一起外出。

小慧:当时(2012年,小慧20岁)他想带着我去福建上班,我说"你带着我去福建上班,我肯定得把我俩的关系跟我父母讲",他不愿意我跟父母讲。我说"那你至少让你爸妈知道吧,你爸妈毕竟也在福建那边",他也不愿意讲。我心想那我跟着你去有什么意思,那又算什么呢?肯定不能这样什么都没定下来就跟着他走,跟他住一起。吵过好几次,他还是不希望让父母知道我俩在谈,我说"我不会跟你走的"。后来他自己去了福建,我就去了上海。因为吵过架,又是异地,不久就分了。

笔者:后来怎么又在一起了呢?

小慧:过了一年多吧,他和他父母去北京了,我还在上海,因为是同学嘛,还是知道一些消息的。可能都没放下吧,慢慢地 QQ、电话联系,又和好了。后来正好我在厂里做得不开心,想换一家厂。他就想让我去北京,他说"你可以跟你父母讲,我也会跟我父母讲,你来了带你跟我父母见面"。他这种态度让我觉得,以后肯定是往结婚去了的,不是谈一下就分手了。我跟我妈打电话,说"之前谈过的一个男孩追我,是老家同学,让我去北京,我想同意"。我妈听说是老家同学就没多说什么了,只是让我过年的时候带他回家看看。这样父母都知道我们的事了,我才过来北京的。

不难看出,以订婚为基础的同居与婚姻的联系更为紧密。那些认为对方是未来结婚对象就同居的受访者,他们进入同居时的婚姻目标往往是"私人"的,而订婚后同居的受访者,他们同居时的婚姻目标是"公开"的,承诺水平更高。以小月的订婚为例,先是在他老公家办了一场,男方家亲戚都来"吃席",随后,她父母在家里也办了几桌,向她家亲戚宣告了她订婚的消息。

三、相爱了就同居:恋爱的"必要步骤"

不管是抱着结婚打算进入同居,还是订婚后同居,这两种情形下的同居者都是把同居与婚姻明确联系在一起的。不可否认的是,在笔者的受访者中,也有人当初的同居决定与结婚无关,相爱就是他们决定同居的最大动因,认为恋爱中的男女住到一起是自然而然的事情。这类相爱了就同居的受访者常常会说,"答应做我女朋友之后吧,就很自然地住一起了"。"没什么考虑,恋爱了不就是要住一起了嘛。"

从由约会向同居转变的节奏来看,出于相爱动机的同居者与许多抱着结婚意图而开始同居的青年并无多大差异,从结识、表白到确立恋爱关系,再到步入同居,关系进展速度都有可能非常快(从一两个月到半年之内不等)。两者之间存在的明显差异是,前者仅仅把同居视为恋爱的"必要步骤",住到一起虽然也是因为感情,出于一种浪漫的爱,但是进入同居不是一段关系的转折点,也不意味着更大的关系承诺,没有人在进入同居时联想到以后的结婚(虽然最后有很大可能进入婚姻)。相较之下,后者则坚信婚姻是同居关系的目标,是"奔着结婚去的"。

第一章开头提到,阿勇从深圳到广州去见小秀,随后就留下来和小秀在同一家厂上班,两人开始在外租房同住。笔者问小秀当时是出于什么考虑从工厂宿舍搬出来与阿勇住在一起时,她回答道:"他是我男朋友了,当然搬出来跟他住一起啊,厂里同事都这样的。"笔者接着问她,当时是否打算以后和阿勇结婚,小秀摇头否认,"那时候没有,没想过嫁给他"。她解释道:"当时就觉得自己出来上班了,可以交男朋友了,一般都是出来了就好交男朋友了。"

再如,阿德和女友异地交往一年多后说动了女友过来投奔他,他也否认是出于结婚目的而让她过来和他住在一起的:

当时没有奔着结婚的目的去,没有想以后要怎么样,就是比较好玩嘛。那时候我们好几个人租了一个公寓,几个人住在一块,他们的女朋友都在这里,就我单着,就说让她过来一起嘛。那个时候《爱情公寓》很火,电视剧看多了,受影响吧,很喜欢大家一起玩,一起吃喝这样。

相爱动机同居者中另一个较为典型的特征是,他们进入同居之时非常年轻——十几岁或是20岁左右,"还小""还早""年轻"之类的词语被频繁提及,用于解释自己当初为什么没有把同居和结婚联系在一起。比如,阿德开始同居时还不到19岁(女友刚满18岁),他觉得自己刚出学校,正是趁年轻好好玩一玩的时候,结婚、成家之类的人生大事离自己还有些远,"我以前的想法是,等到我二十五六或者二十七八岁的时候再考虑结婚"。阿德当时的这种想法很符合生命历程理论的观点,该理论指出,今天的年轻人把成年初期(18—24岁阶段)作为个人探索和寻找自我实现的阶段,而不是去追求长期亲密关系(Settersten, R. J. & Ray, B. 2010)。

小莉是一家饰品店的店员,14岁时(还在读初二)与前男友(比她大3岁,在北京打工)相识。小莉的学业成绩原本就不太好,有了恋情后无心学习,成绩更是一落千丈,"就不想读了,心思不在上面了"。离开学校后,她先是到父母在老家市区开的五金建材店里帮忙看店卖货,没过多长时间,她觉得"跟父母在一起拘束太大了",再加上父母无意中发现她这个年龄就在谈男朋友(而且男孩家里经济状况很不好)后大为反对,"特别不满意,当时吵得特别激烈的那种,我妈就威胁我,你们要在一起,咱俩以后就不要联系了,断绝母女关系什么的"。为了摆脱父母的管束,"过得自在",她偷偷买了高铁票,上车后才发微信告诉父母她去北京打工了。小莉说:

那会儿我过来北京,家里知道我肯定是来找他的,就顾虑挺多的……怕我就找个这样条件不好,以后要吃苦之类的。我妈都开车直接过来找我,我说你回去吧,就把我妈他们赶走,不能说赶走,就是吃了顿饭,把他们劝回去了。其实他们想多了,那会儿我才十五六岁,还那么小,哪里会想到要结婚什么的,就是喜欢他,想跟他在一块儿。

前面那些抱着婚姻目标进入同居的受访者,也常常强调年龄因素在以结婚为前提进入同居中的重要作用,并把自己和那些年龄小而随意同居的人区分开来。比如,关于自己同居的结婚动机,阿宏这样说:"到年龄了肯定是希望结婚才会走到(同居)这一步,不像十七八岁、二十来岁的时候,喜欢了就在一起,不喜欢了就分开,因为还年轻嘛,不会耽误什么。"

四、便利、经济考虑、意外怀孕:同居的现实动因

西方一些针对年轻同居者的定性研究显示,许多年轻人同居背后的理由往往是出于经济、住房需求、方便(Sassler, S. 2004; Guzzo, K. B. 2006; Carmichael, G. A. & Whittaker, A. 2007),或是为了应对未婚怀孕(Reed, J. M. 2006; Sassier, S., Miller, A. & Favinger, S. 2009),而不是想要建立长期关系或是为结婚做准备。还有研究人员指出,虽然他们在研究中通常使用"动机"一词来描述男女同居背后的理由,但他们也意识到,同居并不总是年轻人有意识、有目的的决定。在访谈中,一些年轻人将同居描述为在没有明确决策的情况下发生的,例如当房租到期时,或者当伴侣带过来的个人用品越来多时(Huang, P. M., Smock P. J., Manning, W. D. & Bergstrom-Lynch, C. A. 2011)。因而,这一过程也被称为"滑入"(slide into)同居(Manning, W. D. & Smock, P. J. 2005)。

在国内,最近的两项针对青年同居者的定性研究也表明,一些实用性因素对同居起着推动作用(赵璐,2018;于志强,2019)。在笔者的调查中,大多数同居受访者在访谈中会直接或间接地表示,同居决定在一定程度上受到诸多现实因素的驱动,并因此而加速或推迟了同居。大体上,流动青年同居者提及的现实因素可归纳为三个方面:便利、经济考虑和意外怀孕。

便利

在关系之外的同居考虑因素中,"方便""不麻烦""省事"——笔者称之为便

利的原因,是受访者最常提及的推动向同居转变的现实考虑。对流动青年来说,同居带来的便利首先在于同居使得两人的见面和相处更为方便,待在一起的时间更长。

我们在第一章已经看到,小露与老公在经历了长达六年的恋爱交往后才开始同居生活。先是因为她老公是开挖土机的,跟随修路的工程队驻扎在山区,交通不便致使两人见面很难。后来,他换了一份工作,回到市区,但两人见面的机会依然不多。"我晚上大概 8 点下班,他要更晚一些,不可能经常跑来跑去,因为第二天还要早起。很多时候是这样,我休息的时候他上班,他休息的时候我上班,两个人就偶尔见见。"看到身边的同事下班后都有男朋友陪伴,而自己与男友相恋多年,虽然每天都在微信聊天、视频,但这种很少见面的状态还是让小露感受到孤单和无聊。最终,她提出在两人上班地点的中间位置租房同住,虽说两人上下班都有一定路途,但至少每晚回到共同的住处,"每天可以见到人,可以说上几句话,比分开好多了"。

本章前面提到的阿茂和小宁,两人在恋爱初期上班和居住的地方相隔并不是很远,但小宁说在同居之前,两人主要靠微信联系,见面机会并不多。

笔者:你们上班的地方离得很远吗?

小宁:也不是很远,也不是很近,打个车的话应该 10 分钟左右吧,也还好啦。

笔者:那为什么会很少见面呢?

小宁:因为他是上晚班,我是上白班,我白班完了以后还要加班,所以没有时间。而且我平时要做那个客户(打电话寻找新客户)嘛,也没有时间。

与小露和小宁这类出于见面方便而同居不同,商场门店营业员玲玲与男友在同居之前,每周见面次数达 3—4 次,她强调的便利是同居提供了更多的相处时间,"光谈恋爱的话,在一起的时间比较少嘛,上班的时候如果不在一个单位的话,都是在上班,只有说回到家里才有更多的相处机会。像我们两个上班不在一块,如果不住在一起的话,基本上是有时下班以后两个人约一下会,或者放假的时候约一下会,在一起的时间就很少"。

见面和相处上的便利在流动青年的同居决定中如此突出,并不令人意外。笔者的受访者很少从事"朝九晚五""做五休二"的工作。比如,那些在制造行业的受访者——包括生产线的操作工人和办公室里的行政人员——时常遇上赶工期或赶订单,连续多天加班至晚上10:00、11:00;如果是在服务行业上班,如美容美发师、餐饮从业者、商场营业员,往往正常下班时间就是在晚上9:00或10:00,周末和节假日更是他们最为忙碌的时候。工作时间长、倒班、加班、周末不休息,都导致流动青年情侣很难在下班之后进行正常的约会,同居成为与恋人见面和相处最为便利的途径。相较而言,在赵璐(2018)和于志强(2019)对高学历群体同居者的定性研究中,为了见面相处的便利并没有被视为同居决定中的一个重要考虑因素,这表明受制于现实情境,未婚同居发挥的功能可能会因不同青年群体而有所不同。

同居带来的第二个方面的便利是居住上的。在流动青年群体中,由于流动、工作变动而引发的居住变动和需求,比如一起外出打工、一方前往另一方的工作地,以及辞职后从宿舍搬离,是很常见的生活经历。在这些情况下,同居很容易成为一种解决居住问题的便利途径。阿贵在19岁那年的春节过后,和建立恋爱关系不久的女友——老家在同一个乡镇——相约一起前往上海找工作,并开始了两人的同居生活。他说:"我们是第一次去到那边上班,对周边也不熟悉,住一起方便点,有个照应。"我们在前文已经看到,小玫在与阿邵交往两个月左右时就搬到了阿邵的住处,最直接的推动因素是她辞职后从公司集体宿舍搬出来,要立即另寻地方住,"到外面去租房子也是好租的,但毕竟要花时间去找,而且还不知道合租的人好不好相处,住到他那里就没那么多麻烦"。

还有一种情形在流动青年中也比较典型,即在不同城市上班的情侣结束异地恋,一方前往另一方的工作地,这种新的居住需求往往也会助推他们做出同居的决定。内衣店店员小戴在回忆同居经历时说:"开始谈的时候我在北京,他在南京,谈了有好几个月吧,我辞了北京的工作,去了他那里,就这样开始住在一起的。"负责网站维护的阿荣21岁时来到上海,住的是公司集体宿舍,一年后女友圆圆职校毕业来上海找他。赶在她过来之前,阿荣搬出宿舍,在外租了房子,他解释说"这样她来了有地方住"。

在焦点小组讨论中,男女受访者都谈到了自己的同学、同事,很多都是在去异地投奔恋人时开始同居的。一位女性的评论说明了两者内在的关联:

愿意去找对方,说明对这个人比较满意,可以进一步发展。去了就表明了一种态度,一般就是默认住一起。如果实在有什么情况不方便的,像有些是跟家里人住的,这样就有点不方便嘛,那肯定去之前都会了解清楚的。

经济考虑——经济合理性和经济必要性

比较研究表明,经济考虑在欧美中低收入群体的同居决定中非常重要,尤其是对那些30岁以下的年轻人而言(Huang P. M. et al. 2011)。一方面,搬到一起住是一种在经济上更合理的选择——只需要支付一份房租,许多物品可以共用而不会额外增加费用,"两个人比一个人更便宜"的规模经济效应让同居在经济上是一种明智的选择。另一方面,对中低收入的年轻人来说,同居常常还是一种经济上的必要。当他们暂时没有工作或收入不高,无力独自支付房租、各种生活账单时,有一个能够承担或分担生活开销的伴侣,在经济上变得非常必要。美国的一项关于工人阶层和中产阶层同居者的定性研究发现,那些没有上过大学、收入不高的工人阶层年轻人,更多地由于经济必要原因而快速进入同居。相比之下,受过大学教育、从事专业技术工作的中产阶层同居者,往往是出于经济上更合理而搬到一起住(Sassler, S. & Miller, A. 2011b)。

在笔者的调查访谈中,一些人也谈到了同居在经济上更合理。文员小迪在同居之前就不时在男友住处过夜,她说:"后面我经常在他那边,原先跟同事合租的房子就很少去住了,等于这个房租钱白出了,也没必要嘛,就退掉了。"当被问及为什么要和女友住在一起时,正在同居的阿成强调了结婚动机后,接着又补充道:"也合算些吧,在她这里待的时间比较多,我租的房基本上空着了。"

总体而言,将经济合理性作为同居的现实考虑在流动青年中只是少数,究其原因,很大程度上与这个群体的居住形式有关。相关的实证调查表明,由单位/雇主提供的、免费或低收费的集体宿舍是流动青年的主要居住形式(叶炜、肖璐,2018)。在笔者的调查中,同居之前两人都在外租房住的并不多,常见的是两人都是住在集体宿舍,或者是一方住宿舍,而另一方在外与他人合租。原因一是与房租高有关,抑制了在外租房的意愿。二是与通勤距离和时间有关,许多工业园区在郊区,周边民房和住宅小区少而且离得远,郊区的公共交通密度也比较低,在外租房上下班不方便;再加上经常要加晚班,住在厂区宿舍既节省钱又不用担心深夜下班后路途安全问题。

相比之下，经济必要性更常作为同居的现实原因而被受访者所提及。比如，一些辞去原有工作去到对方所在工作地的同居受访者在解释同居原因时，也会提及另外租房住会让自己在经济上难以承受。内衣店店员小戴当初离开北京去南京投奔男友，同居不仅省去了她另找住处的麻烦，实际上，投奔男友时她手头上的钱不多，再加上不确定找一份新工作需要花多长时间，她坦言自己"也没钱去另外找房子住"。还有是离开学校（不久）的两人一起外出，家里提供的经济资助不多，同居是一种经济上的需要。上面提到的阿贵是一个很有代表性的例子。在笔者问他是否还有其他的原因促使他们决定同居时，他承认经济需要也是一个重要因素。他当时19岁，离开学校出来工作不到一年，"刚出来工资不高，每个月都花光了"，与他同龄的女友也是如此。从老家来到上海时，他口袋里只有父母给的几千块钱，而女友是瞒着家人跟着他出来的，"身上只有几百块钱"。在领到第一笔工资之前，两人全靠这几千块钱来维持生活开销，他说当时"分开来租房也不现实，没那个钱"。

意外怀孕

在笔者的调查中，除了少数几个人，其余的同居受访者在同居之前就与对方有了性行为。由于没有避孕或是避孕措施不当，意外怀孕在所难免，这也成为一些受访者进入同居的推动因素。在怀孕之前，一些人由于关系还没发展到想与对方结婚的地步，故而没想过同居。不过，更多人强调是受现实条件的限制而没有同居，包括房租太高、通勤不便、一方有家人同住等。

意外怀孕的发生促使这些情侣很快进入共同生活。比如已经提到过的延迟型同居者娟子，在男友第一次提出让她搬过去住时，她拒绝了，原因是他与父母同住。几个月后她怀孕了，随即她搬到了男友家，"我怀孕了，他又说让我住过去，他父母也劝我住过去"。25岁的小琪是上海一家化工产品公司的质控员，在接受访谈时，正未婚怀孕4个月，她向笔者讲述了她的意外怀孕促使她和男友"下决心"租房同住的过程：

最开始他也在公司的时候，我们不可能到外面去住，我们公司比较偏，离居民区比较远，那时我们也没车，住在外面上下班不方便……后面他跳槽去了宝山的公司，过来一趟地铁上就要花差不多两个小时，还要转公交车，反正很费时间的,每天来回跑也不现实。去年他家里凑了点钱,买了辆车,有车了过来是要方便很多,我们也商量过要不要租个房,但想到房租钱,还有油钱,一直下不了这个决心,想想也没那个必要。等到我怀孕了,他立马在网上搜我们这边的房源,然后第二天就找到了这个房子。

需要指出的是,以上这些现实因素,无论是便利、经济考虑,还是意外怀孕,并不是单独对同居决策产生影响,也不是推动同居的首要动因。对大多数人来说,是在他们认为对方是未来结婚对象,甚至是在订婚之后,这些现实因素才对同居有促进作用。例如,离开原来的打工地去往对方工作的城市/区、一起外出或是为了有更多见面和相处时间而租房同住,通常有一个前提条件,即认为对方是未来结婚对象或者是两人已订婚。玲玲这样告诉笔者:"都觉得对方是过日子的人了,才会希望在一起多接触。"小戴在去南京投奔男友之前,她早已打电话把男友和他家里情况告诉了父母,双方父母也通了电话,对两人的婚事进行了初步商定。至于那些在自己(女方)意外怀孕后才进入同居的人,更为关键的原因是两个人的婚事已经定下来了。娟子表示,在得知她怀孕后,男方父母就去到她老家,与她父母商量结婚事宜。同样地,小琪说她用试纸测出怀孕后,"他立马就说我们赶快结婚,把孩子生下来。两边父母都是说让我们要这个孩子,结婚生下来"。

五、同居动机:"她的"与"他的"不同

在未婚同居兴起和发展的早期阶段,众多的西方文献显示,与年轻女性相比,男性更愿意在结婚前同居,而且对同居的赞同更少地取决于结婚计划,更高比例的男性同意"两个人即使没有结婚打算也可以同居在一起"(Thornton, A. & Young-DeMarco, L. 2001)。随着同居成为大多数人在成年期的一段生活经历,男性和女性在整体认可同居方面不再有差异。不过,男女在同居动机或目标上依然有所不同,同居意义和体验上的性别差异依然显著。黄(Huang)等人对美国同居男女进行的一项定性研究就揭示了年轻人同居动机背后的性别差异。他们的研究表明,希望有更多时间在一起、分担生活费用和测试相容性是男女都

提到的同居的通常原因。但是，在如何表达这些原因及如何看待同居与婚姻的关系方面，至少出现三个方面的性别差异。首先，虽然男女进入同居的动机似乎都是为了追求和进一步发展亲密关系，但男性将同居与婚姻联系远不如女性强烈。男性倾向于将同居看作真正的"测试"，与婚姻没有特定联系，而女性则倾向于将同居作为与伴侣结婚前的一个过渡阶段。其次，在女性焦点小组中，社会不赞成作为一个问题被提出来，至少在观念方面，社会不认可对女性的同居决定相当重要，对男性则没有影响。再次，男性和女性都提到了阻碍同居的因素，但两者看法各异。女性避免同居的原因是，进入同居可能会降低男性伴侣的结婚动机，从而带来延迟结婚的风险。对男性而言，阻碍同居的因素与失去自由有关：如何度过时间、与谁一起度过时间方面的限制和牺牲，以及来自同居伴侣的约束（Huang, P. M. et al. 2011）。

相比之下，中国青年人在同居上的性别差异一直很突出。现有研究一致表明，男性对同居的接受度比女性高。2002 年一项对上海、成都 20—30 岁未婚青年的调查显示，59% 的男性赞同"如果打算以后结婚的话，婚前同居没什么不对"，女性对此表示认同的比例只有 42%（徐安琪，2003）。另外，对于"单身男女即使不想结婚也可以同居"，男性的赞同度也高于女性（刘汶蓉，2009）。近期的研究表明，青年男女在同居态度上的差异并未随同居现象上升而变得不再明显。一项利用中国综合社会调查（CGSS）2005 年和 2015 年两波数据的研究分析显示，无论是在 2005 年还是在 2015 年，青年男性都要比女性对未婚同居持更加宽容的态度（吴炜，2019）。另一些聚焦于流动青年的研究通过对诸如"怎么看待不结婚先同居""是否接受与对象同居""试婚有助于婚后的适应"等问题来进行观念态度层面的调查，这些研究得出了类似的结论：流动青年女性比男性对待未婚同居的态度更为保守（潘永、朱传耿，2007；魏晓娟，2008；胡序怀等，2011）。

关于同居动机与体验上的性别差异，早在 21 世纪初国内学界开始关注未婚同居之时就有研究者推测指出，大多数男女期望通过同居找到理想的终身伴侣，但男女双方为此付出的"成本"不同：女性在同居中要付出自己的贞操、性恩惠，以及承受道德舆论的压力；男性则没有社会所公认的必须付出的代价（许传新、王平，2002）。不过，这一推断缺乏经验资料的支持，之后尽管有几项实证研究探究了同居者个体决定同居时所考虑的因素以及同居体验，但这些研究并未关注背后的性别差异。例如,罗媛和张海钟(2007)对 4 名同居女性进行典型案例分析发现,女性进入同居的最大动机是结婚,但婚前同居行为与传统伦理道德观念的冲突,容易导致同居女性产生情绪和心理障碍。由于研究仅访谈了女性,故无从得知男性的同居动机与体验,以及是否与女性不同。于志强(2019)的研究同样以女性同居者为对象。赵璐(2018)的研究样本同时包含了男性和女性,但作者并没有探讨同居动机背后可能存在的性别差异。

笔者的调查访谈表明,流动青年男女都更倾向于在有结婚意图和结婚计划之后同居,背后的制约机制除了共同面临的结婚规范压力,也还存在一些性别化的因素。女性倾向于强调和证明自己不是"随便""开放"的人,而是较为"传统""保守",因而只有在认为对方是未来结婚对象时才愿意同居。小芸是一位谨慎型同居者,她在谈到不想快速进入同居关系时说道:

我觉得太早跟他生活在一起不好,嗯……我该怎么说呢,太早了还不是很了解,也不知道是不是适合自己,可能我思想还是比较传统一些,虽然说现在很开放了,但女孩子嘛,不能让人觉得你太随便了,还是讲究一点好。

许多女性受访者还拿自己身边快速同居的女性作为反例,由此强调自己的未婚同居并不属于"开放"的行为。美容师 Kitty 说:"我们另外一家店的一个美容师,跟她男朋友认识才几天,就住过去了。我是很不喜欢这样的,太随便了。" 25 岁的生产线操作工珊珊和笔者说起一个月前她去看望出校门来深圳打工几个月的 19 岁表妹的经历,"我姨妈还担心她刚出来工作,怕她胆小受欺负,让我去看看她。哪想到,根本用不着我来关心,(她)瞒着家里,男朋友都找好了,一个厂的,还在附近一起租了房。她也就比我小几岁,感觉都有代沟了,看不懂啊,怎么这样放得开,什么都不在乎"。

女性通常还认为,过早地开始同居会失去男方的尊重,不管是在以后的谈婚论嫁中,还是婚姻生活中。22 岁的春燕在一家小型贸易公司做财务,她与男友的恋情始于校园,目前正在同居中。她告诉笔者,她是在男友带她回家见过他父母,她也带男友回家给自己父母看过之后,才搬过去和男友一起住的。她这样坚持的原因在于"如果一开始就住一起,他就不会那么重视你,很容易就到手了嘛,结了婚以后,可能就不是很尊重你,有些家里还会说是你自己贴上来的,所以女孩子要自爱一些"。

除了自身的态度比较保守,许多女性受访者还强调了家人、亲戚邻里的看法对她们婚恋、同居行为的影响。比如小月当初是订婚后才同居的,她说如果订婚前两人就在一起了,"父母肯定要说的,怎么能这样呢"。而且,这种道德要求一般只针对年轻女性。

笔者:所以你们家,家教还是比较严?

小月:对男的不严,对女的严,男的只要你找个媳妇回来就行了,不在乎,对女孩子稍微严一点,女孩子要订了婚才能和男方在一块,男的只要找到对象就行了,都是这样子的,只要男的找到对象,父母不会说什么的。

导诊员小洁的父母一直在外打工,对她管束不多,但把她从小带大的奶奶和姥姥在知道她有男朋友之后,时常会在言语中暗示她,定亲前不要和男友住在一起,"她们觉得两个人还没有定下来,就不应该一起住的,那样不好,婆家会不珍惜你,觉得你不自爱"。

有研究表明,乡村社会对男女两性道德的双重标准依然明显,并对新生代流动女性在婚前性行为和未婚先孕等行为方面有重要影响(王小璐、王义燕,2013)。在笔者的调查中,小芸和春燕这些关于女性应该"讲究""自爱"的评论也反映出流动青年女性的同居决策还受制于道德规范压力,"随便"与人同居的社会污名和被男方(及其家庭)"看轻"的风险,让她们更倾向于在确立稳定的恋爱关系,下一步(很可能)要走向婚姻的情况下向同居过渡。

男性的考量与女性有很大不同。由于同居需要有单独居住的房间,不低的房租支出和各种生活成本,对收入水平不高且收入不稳定的流动青年来说,是做出同居决定之前首先要面临的经济压力。许多男性指出,房租、共同生活的开销这些同居后立即要面对的经济成本,使他们很难把同居当作一种可以自由、随意进入的关系。24岁的机床操作工阿根的观点代表了许多男性的看法:

如果女孩子不是真心跟你谈,没结婚想法,同居也没什么意思,毕竟住一起很费钱,像租房子、吃饭啊,这些基本上都是男的来出。我们也就是普通打工的,工资一般般,不像收入高的,可以不在乎这些。要关系到了那一步了,才会考虑(同居)的。

同居的经济成本也是焦点小组中的男性成员讨论的焦点议题之一,经济压力被男性理解为一个阻碍同居决定的重要因素。

——虽然说现在只要两个人愿意就可以同居,没人说什么,但这个开销你不得不想啊,特别是对我们男的来说,要养得起她,总不能像跟人合租一样,要求房租对半分。

——前段时间一个朋友问我借钱,他厂里因为淡季,做一休一,到手的钱就少了,不够交房租了,也不好意思让女朋友来交。

——我一个堂哥,工资拿得还很高,但在外面都花得差不多了,谈过好几个女朋友,同居一下,钱不知不觉就花没了,家里父母干着急。

(焦点小组第二场,广东河源)

除了经济成本,对时间成本的担忧也是一些男性更倾向于在对方是未来结婚对象的情况下才决定同居。在他们看来,进入一段没有结婚可能性的同居关系,将"耽搁"自己的婚配期,增加"娶妻难"的风险,尤其是那些提到老家"女孩子少"或是"村里有不少男的没成家"之类话语的男性,对同居的时间成本更为敏感。22岁的叉车工阿威来自陕西汉中,他告诉笔者,在他老家所在的村庄,男孩女孩一旦离开学校,到了十七八岁,父母就开始着手为他们张罗亲事,二十岁左右和二十岁出头一点是村里年轻男女结婚的高峰阶段。另外,由于"女孩子本来就少",再加上"嫁到外地的也很多",男多女少的情形让阿威产生了强烈的时间紧迫感,也对他的同居决定产生了非常大的影响。他说,

追的时候你可以随便,但要说同居,那肯定要想得多一点,至少要看到对方也有这个意思了。现在好多女孩子吧,只想在外面谈着玩,结婚还是要听父母的,回老家相亲结婚。同居对她们来说又不会影响什么,但男的不一样,如果对方没那意思,你钱花了不说,要是同居一两年再分手,你时间也耽误了,年龄上去了再找就很难,也没什么挑的了,现在女孩子少嘛,很多地方都是女孩子少。

可以看出,男女对交往到何种程度进入同居的看法,部分支持了早期研究的观点,道德规范压力在女性的同居决定中是重要的影响因素,而男性很少有这方面的顾虑。但这并不意味着男性在同居中"没有社会所公认的必须付出的代价",笔者的研究显示,大多数流动青年男性十分清楚同居给自己带来的经济成本和时间成本,这让他们与女性一样,更倾向于在有明确结婚意图之后而不是在交往的更早阶段向同居发展。

此外,对于订婚后进入同居,男女有着不一样的态度和体验。男性一致认同

订婚后的同居是具有社会正当性的安排,并且欣然接受。23岁的阿凯和女友在同居之前分隔两地,不过双方父母早已为他们操办了定亲仪式。几个月前女友过来投奔他,两人住在了一起,"我们早就定亲了,她过来了当然是住我这里,没想过要另外给她找地方"。谈及他订婚后的同居,装配工阿段反问道:"定礼下过了,亲戚朋友该知道的都知道了,不在一起才不正常吧。"

相比之下,女性虽然也认同订婚后同居的家乡风俗,但一些人同时表示,有时这种社会正当性让她们倍感压力。当她们不想在定亲后立即进入同居生活的时候,外部压力让她们很难拒绝。比如,文员小梦把订婚后同居视为理所当然,但她接着又表示订婚后"不得不"同居,因为"如果你们在一个地方打工不住在一起,男方家会说,这女孩子是不是想要退亲啊,到后面自己父母也会来劝"。正在和男友同居的商场营业员小昕定亲之后找到了一些理由而没有立即开始同居。然而一旦"没有理由了",同居则是她必然的选择:

小昕:我们相完亲没过几天就定亲了,后面都回到北京,他就说让我住过去,但我觉得两个人还不熟、不了解,不想这么早就在一起。怕他有想法,我就说我住的地方离上班近,他那里太远了,而且我是跟同事合租的,突然说不租了也不好。就这样没有马上搬过去,只是休息的时候会过去玩一下。

笔者:后来是什么时候搬过去的呢?

小昕:去年跟我住的那个同事怀孕了,要回家结婚,结婚的话就不跟我合租了,我就自己一个人……他又说了让我住在他那,有个照应。这样没有理由了,然后也熟悉了嘛,就过去了。

此外,调查中一些男性和女性受访者都承认,当初的同居决定受到了经济因素的影响,但对于经济原因如何影响到同居进程,又呈现出明显的性别差异。通常情况下,女性更有可能因为经济上的考虑而加速(至少是按正常节奏)向同居过渡。对一些流动青年女性而言,同居有时是一种经济上的需要,比如,到新地方一时之间没找到自己想干的工作,工厂订单不足、工作时间减少导致的工资骤降,辞去工作后决定花几个月时间去学习一项新技能,觉得上班没意思想玩一段时间,等等,在这些没有收入或收入减少期间,如果与男友同居,可以让她们不用担心房租、生活开支等问题。我们在第一章已经了解到,小梅和老公在相识相恋时都在杭州上班,但两人所在区域相隔甚远,往返一次路途上要花费好几个小时，于是，为了见面更方便，她辞去工作搬到了他这边。她在后面的访谈中提到，过来后与他住在一起也是经济上的需要，她负担不起自己另外租房居住的开支，"这边那时候没有那么发达，找工作的话，只有电子厂什么的，工作时间也很长，很辛苦，而且我体质不是很好。我过来后一段时间都没有怎么上班，都是他养我的"。像小梅这样不急于寻找新的工作而由男友来负担两人的开支，在辞掉工作后投奔男友的也是较为多见的。

男性则恰恰相反，他们常常出于经济考虑而推迟同居。对流动青年男性，尤其是"住宿舍"的男性而言，在同居之前往往会评估和权衡自己是否负担得起在外租房的费用。由于工作不稳定、房租较高而工资相对较低，或是希望节省开支，一些男性选择推迟进入同居。阿杰和同居女友已经结婚，当初两人在同一家工厂上班。他说，在建立恋爱关系后的两年多时间里，他们分别住在厂里的男女宿舍里，并没有像其他恋人一样搬到厂外租房住，原因在于"那时候我自己有创业的想法，这样的话（住宿舍）可以给我省下一笔资金，我可以将它作为一项启动资金"。目前正在与女友同居的23岁阿唐，出于经济考虑把同居时间推迟了将近一年，他坦言："我那会儿工作不是很稳定，因为想趁着年轻多积累一些经验，不同的工作都去试一试嘛，住宿舍没有那种（经济）压力。"

有少数男性也提到同居有"省钱"目的，但他们强调的是为了减少女友的花费，而不是他们自己的。正在同居的阿锋说："她当时和别人合租，我就说让她搬过来，因为她没必要再花那个钱。"此外，男性还普遍持有负担同居生活的开支是男人责任的观念，"不用她的钱""当然我来付""男人养家很正常"，几乎没有人明确表示期待女友共同负担房租和生活费用（尽管同居期间很多人的女友实际上分担了部分开支）。显然，男女受访者关于同居动机中经济因素的言论表明了一种性别角色分工的规范：同居生活中应该由男性承担主要（甚至全部）的经济责任。有关性别角色态度的研究表明，丈夫承担主要养家责任的传统性别分工规范在中国社会持续存在，我们的调查结果似乎意味着，这种性别分工规范同样存在于同居关系中。我们将在下一章对此进行更细致的探讨。

笔者在调查中也遇到几位对同居持开放和自由态度的男性，他们坦言自己"不会在意那么多"。然而，当进一步分析他们的话语，可以发现真正要体现在行为上离不开一个关键的现实条件，那就是"周围女孩子有很多"，拥有充足的与异性交往机会。24岁的阿木来自江苏南通，是苏州一家汽车零配件厂生产线的小主管,访谈一开始他就告诉我,他前面有过两次同居经历,现在交往的女朋友是网上认识的,目前还在厦门工作,但即将来苏州和他在一起。对于之前的两次同居,他表示"就是随便谈谈看看,有感觉了就在一起"。至于现在的这个女朋友,他抱有同样的态度,而且他还强调说对男性而言这是很正常的行为:

> 我身边朋友都这样,接触了,感觉好,一般就会住一起,不会说要很认真很正式的那种才这样,男的不会在意那么多的,女孩子可能要保守些。(不会担心时间错过了,年龄大了可能不好找了吗?)不会,不担心找不到,周围女孩子有很多,外地女孩子一般都喜欢找江浙这边的,我们这里男孩子结婚不急的,至少我的同学、身边的朋友不急的,想找都找得到,晚点没什么。

年轻人为什么选择同居,以及这样做对他们意味着什么?这是自未婚同居兴起以来一直引发家庭和人口学者争论的问题,研究者力图了解同居在择偶、家庭形成过程的意义和作用。笔者的研究表明,流动青年的同居大多发生在恋情发展到有结婚打算甚至是有婚姻承诺(订婚)之后,同居是为了进一步增进感情,是为结婚做准备的一个阶段,而不是通过同居来挑选合适的结婚对象。对于这一结果,我们认为可以从婚姻价值规范来进行解释。"男大当婚、女大当嫁"在中国社会依然受到普遍认同,结婚被认为是人生的必经之途。这些观念在农村尤其根深蒂固,一旦进入成人阶段,婚姻的规则、风俗及期待就不断地影响年轻人,即使流动到城市,也会推动他们自觉或不自觉地(家人的催促和老家同龄人相继结婚生子的示范效应)"顺从"习俗来完成自己的终身大事。这也就不难理解为何流动青年普遍地将同居与婚姻紧密地联系在一起。

但没有迹象表明,流动青年有把同居当作"延迟传统婚姻规范的一种特殊形式"(赵璐,2018)的倾向,他们在有结婚打算后先同居而不是立即结婚,不是出于希望"拥抱同居生活的状态",而是因为结婚不是"想结就能结"的,从有结婚打算到婚礼举办,中间有一系列准备工作要做。对流动青年而言,结婚前的准备除了两人情感上的、年龄上的(等待达到"领证的年龄")之外,可能更为重要的准备工作是:婚事取得父母同意,双方父母就彩礼金额、房子买在哪里等问题协商一致,男方完成彩礼支付和婚房准备,这些工作都需要时间来完成,且花费的时间长短不一。但同居不需要这些条件,因而很容易在有结婚打算之后就开始。当然,更为重要的是,社会对婚前性行为日趋宽容的态度,促进了流动青年把同居视作结婚准备过程中预期的一部分,开始时间的早晚只不过基于现实情境而定。

虽然对男女来说,从约会向同居的转变主要是受婚姻目标的驱动,背后依然表现出明显的性别差异。对女性来说,从约会向同居的转变在一定程度上还受到道德规范的约束,她们面临"随便"与人同居的社会污名和在未来的关系发展过程中被男方(及其家庭)"看轻"的风险,因而通过在同居之前确认对方的承诺水平,或是获得父母对恋情的支持,来提高同居行为的社会合法性和正当性。

对男性来说,同居决策则往往还受到经济成本和时间成本的制约。一方面,传统的性别角色分工规范延伸到同居关系之中,男性被认为应当承担主要(甚至全部)的经济责任,例如负担房租和日常花费。受制于经济成本,男性尽量避免在没有结婚可能的情况下进入同居,甚至在有结婚承诺之后,他们还可能因为工资不高或不稳定、房租太贵、希望节省开支等经济原因,推迟从宿舍搬离到外面租房同住的时间。另一方面,农村婚姻市场的变动和男性遭受婚姻挤压的境况影响到流动青年男性的同居决策。随着 20 世纪 80 年代以来出生性别比持续升高阶段的出生人口陆续进入适婚阶段,性别失衡在农村婚姻市场中日益凸显(果臻等,2016)。与此同时,随着人口的迁移流动,农村社会原来相对封闭的本地婚姻市场被打破,年轻女性从乡村嫁入镇、县城和城市,从社会经济欠发达地区嫁入社会经济较发达地区(段成荣、梁海艳,2015)。女性的外流进一步加剧了农村适婚人口性别结构的失衡,农村男性遭遇婚姻挤压,娶妻难的情况日渐严重(李卫东,2016)。尽管流动也拓展了农村男性的通婚圈,但这主要是地理范围上的,通婚圈的户籍壁垒一直未被突破,农村户籍男性与非农户籍女性的婚配比例长期处于相当低的水平(段成荣、梁海艳,2015)。也就是说,年轻的男性流动人口并未脱离农村社会的婚姻市场。在这种社会背景下,男性更有可能担忧一旦恋爱对象无意与自己结婚,同居将"耽误"他们的婚配机会,加大成婚难的风险。对时间成本的担忧使他们只有在认为恋情稳定地朝结婚方向发展时才有动力选择进入同居,以进一步推动关系向进入婚姻转变。

第三章　同居生活中的金钱管理

当男女恋人作为亲密伴侣共同生活在一起时，他们需要对如何组织日常生活做出一些重要的选择。比如，如何分配和管理双方的工资收入——是将两人的收入放在一起并共同使用，还是财务独立，各自花费，抑或是采取一种中间模式，部分集中，部分分开？再比如，家务要如何分工——是轮流，还是各自承担几项？是平均分配，还是谁有时间谁就多做一点？抑或是在收入提供和家务承担之间实行一种交换，经济贡献多的一方少做家务，而收入低甚至无收入的一方用家务劳动来换取对方的经济支持？

传统上，这些协商和选择出现在已婚夫妻之间。随着越来越多的人选择非婚同居并生儿育女，同居伴侣如何进行经济管理和家务分工，与已婚夫妻是否以及如何不同，日益引发研究人员的关注。

相较于婚姻伴侣，对于同居伴侣应该如何行事的社会共识相对较少。例如，已婚夫妇经济上共有和共享，被认为是婚姻内制度化行为的一个标志，意味着建立了一个没有时间期限的家庭联合事业，然而并没有明确的规范要求同居伴侣应该将他们的收入合在一起(Cherlin, A. J. 2020)。在家务分工方面，尽管新的实践和观念已经出现，如丈夫正在承担越来越多的家务份额，但丈夫是养家主力、妻子负有更多操持家务的责任，仍然是社会广泛认同的夫妻家务分工惯例(Thornton, P. H., Ocasio, W. & Lounsbury, M. 2012)，而对于同居伴侣之间应该建立怎样的分工，人们几乎没有共识。

美国社会学家布卢姆斯坦(Blumstein)和施瓦兹(Schwartz)在他们1983年的论著《美国夫妇：金钱、工作和性》(*American couples: Money, Work and Sex*)中最早展现了同居伴侣如何组织其生活以及他们的生活与已婚夫妇生活的比较。他们得出结论说，与已婚夫妻相比，同居伴侣更有可能将金钱分开和共同负担开销,在家务分工上有着相对平等的安排。此后,有大量文献专门探讨了同居伴侣的日常经济和家务安排。在金钱管理上,后来的研究有着与布卢姆斯坦和施瓦兹基本一致的结论,但在家务分工上得出的结论很不一致,这些研究普遍发现,同居伴侣间同样有着传统的性别化分工模式。

在第三、四章,笔者将呈现流动青年的同居日常生活安排。在本章,首先回顾已有文献对"同居金钱"的研究。其次,分别考察流动青年同居伴侣的钱财管理和共同生活费用分担情况。最后,探讨同居中金钱管理的意义和功能。

一、金钱管理的"同居差距"

西方文献已经提供了大量的证据,表明同居者比已婚者更容易选择财务分开,即使在控制了年龄、教育和是否有孩子等因素之后,这种金钱管理行为上的差异被称为"同居差距"(cohabitation gap)(Soons J. P. & Kalmijn, M. 2009)。定性研究更为深入地揭示了"婚姻金钱"和"同居金钱"之间的区别:前者通常被描述为共同的、分不清的(无论金钱管理的实践如何),而后者则是个人的、分得清的。这一区别直接形成了另外一种鲜明的对比——已婚夫妻的共同账户与同居伴侣的平均分担费用(Singh, S. & Lindsay, J. 1996)。

为什么共同生活在一起的伴侣,同居者和已婚者之间会有这种明显差异?研究表明,"同居差距"至少与同居和婚姻之间存在三个方面的内在差异。首先,是承诺水平的差异,婚姻是一种公开的、制度性的承诺,它意味着特定的规范、义务和正式的关系,提供了"可强制执行的信任"(Cherlin, A. J. 2004)。相比之下,同居中的承诺是私人的,缺乏强有力的制度和规范约束,具有很大的不确定性。这种信任上的差距很容易转变为已婚者和同居者管理金钱方式上的差异,对同居者来说,将收入集中在一起是有风险的,特别是在分手时共同财产不受法律保护的情况下(Treas, J. 1993)。其次,一般来说,在持续时间较长的关系中,人们会感到更多的安全感和持久性,伴侣间的经济资源也随时间推移而变得更加交织在一起。由于同居伴侣中短期关系的比例过高,这也是已婚者和同居者金钱管理产生差异的原因之一(Hamplova, D. & Le Bourdais, C. 2009)。再次,有共同的孩子会增加伴侣间的相互依赖和团结,也增加了伴侣双方收入共享的需要,同居和婚姻中金钱管理的差异部分是由于同居伴侣中有孩子的比例较低。此外,关系满意度与钱财管理决策有关,想过分手的人对关系的承诺度较低,而这样又会阻碍其把自己的收入与伴侣的合在一起。考虑与伴侣分开的人在同居者中更高,因而导致他们更多地选择把钱分开(Lyngstad,T. H., Noack,T. & Tufte,P. A. 2011)。

除了同居和婚姻之间的内在差异,"同居差距"的大小和特征还与一些结构性因素有关。税收制度就是其中之一。在一些国家,已婚夫妻可以联合申报所得税,而同居伴侣没有资格;在另一些国家,无论是结婚还是同居,每个伴侣都必须单独申报所得税。当每个伴侣的收入在税收上被视为单独的收入,这可能会鼓励伴侣将他们的收入视为自己的收入,并将其分开,而如果在税收上将所有收入作为联合所得征税,这可能会鼓励伴侣们更多地把收入合在一起。经验研究也证实,与实行单独申报税制的国家相比,对已婚夫妇实行联合申报税制的国家的"同居差距"更大(Evans,A. & Gray,E. 2021)。

当然,同居伴侣并不是一个同质的群体。对一些伴侣来说,同居是结婚前的一个短暂阶段;对另一些人来说,同居是一种密集约会的形式。进入同居的时间长短也具有异质性,有些伴侣刚刚开始共同生活,另一些已经在一起生活了多年。因此,即便在同居者群体内部,金钱管理方式也并不一致。同居伴侣在什么时候和什么情境下做出将收入集中、分开或部分分开的决定,随着时间的推移和情境变化,他们是否及如何改变其金钱管理方式? 这些同居者群体内部金钱管理方式的差异和变动,或许更值得讨论。

对欧美未婚同居群体的研究表明,与没有结婚打算的同居者相比,有结婚计划的同居者更有可能将收入共用或至少部分共用,那些为了尽快结婚而同居的伴侣,可能会在共同生活之初就采取类似婚姻的钱财管理模式(Lyngstad,T. H., Noack,T. & Tufte,P. A. 2011)。一些纵向研究显示,结婚准备是触发一对伴侣改变财务管理方式的关键因素和时间节点,通常会使收入合用的可能性增加(Lott,Y. 2017)。那些长期同居的伴侣在收入安排上与已婚夫妇的行为更为相似(Hiekel,N., Liefbroer,A. C. & Poortman,A. R. 2014),决定共同购房也会推动同居伴侣集中经济资源(Singh,S. & Lindsay,J. 1996)。孩子的存在也是同居伴侣金钱管理方式选择中重要的决定因素,当有了共同的孩子时,无论是否有结婚计划,为人父母都会鼓励同居伴侣之间的经济团结(Vogler,C.,

Brockmann，M. & Wiggins，R. D. 2008)。

总而言之，同居伴侣更倾向于将彼此的钱分开，这是20世纪80年代以来国外经验研究的一致发现。当然，有结婚计划、孩子的出生、共同购房等因素很可能让双方从钱财独立向钱财共享或部分共享转变。

二、自主的个体：各管各的钱

两人的钱是放在一起，还是各自分开掌管，是同住伴侣日常生活的一个重要方面，无论双方是否结婚。对于已婚夫妻来说，我国法律对婚姻期间的财产关系有明确的界定，尽管生活实践中可能存在或多或少的经济分开，但他们通常被认定为财产共有的单一经济单位。相比之下，未婚同居关系在我国没有正式制度的规范，伴侣双方是自主独立的个体，同居期间应该如何进行金钱管理没有法律规制和约定俗成的共识。

关于中国的未婚同居伴侣的经济生活，既有研究集中于探讨同居期间的经济纠纷或权益保护的法律应对（王素云，2009；于晶，2019）。只有一项定性研究探索性地考察了未婚同居的年轻男女如何管理各自的收入及决策背后潜藏的逻辑。与国外研究结论相一致的是，该项研究发现，婚姻意愿影响和推动着城市青年同居期间的经济实践。在爱而不婚的同居关系中，出于关系不确定的经济保护策略、追求对等性和自我欲望满足等原因，同居者更倾向于把钱分开；而在那些计划迈向婚姻关系的青年同居者中，通常更为强调经济资源统一规划和合作共享的关系主义，倾向于把两人的收入合在一起。此外，该研究还指出，同居的经济管理方式随个人诉求或婚姻意愿的变化而不断动态调整，在钱财共享和钱财分开之间转换（于志强，2021）。

同样地，在笔者的调查中，大多数同居受访者表示，同居期间两人是各自掌管自己全部或至少是大部分的收入。他们通常把收入描述为个人的——"我的钱""他/她的钱"，很少有人说"我们的钱"。这一点与辛格和林赛（Singh，S. & Lindsay，J. 1996)的发现一致。由于收入被界定为个人的，由各自掌管也因此被视为理所当然。比如，"这是我的工资，当然是在我这里，她的也在她手上""自己的钱自己拿着呀"。这些话语反映出他们非常明确地把双方定义为分离的个体而不是一个共同的经济单位,没有形成"共同财产"的概念。

来自西方社会的经验研究表明,暂时没有结婚计划、未来关系发展的不确定性、为保持个人的自主性、不受法律保护等诸多因素都是导致同居者选择收入分开的原因。笔者调查访问的流动青年同居者也直白地或间接地表达了类似的看法。比如,23岁的美发师阿建直言:"毕竟还没结婚,我不放心把我的钱给她拿着,她可能也会这样想啊,所以各管各是最好的。"小月与老公是订婚后进入同居的,即便如此,在婚前同居阶段她也坚持各管各的钱,她说:"自己拿着要花钱的时候更方便一些,想花就花了,不用多解释什么。"正处于同居关系中的生产线工人阿志,与女友的关系进展到了谈婚论嫁阶段,但由于他无力达到女友父母提出的在老家市区购置婚房的结婚条件,两人的关系逐渐陷入僵局,他担忧女友随时可能会提出分手。因而对于金钱的管理问题,他坦言:"她父母一直不松口,一定要买房才能结婚,她可能慢慢也被她爸妈说服了吧,为这个事老是和我吵,动不动就说分手,你说这种情况怎么可能把钱放在一起呢,说不定哪天就分手了。"

但是,除了上述这些在西方研究中反复提及的原因,笔者的研究还发现了几个新的关键性因素。一个受到普遍认同的观点是,同居期间要求把钱放在一起"名不正、言不顺",无论双方有没有订婚,有没有结婚打算。男女受访者都表示,除非对方主动把钱拿出来给自己管,他们不会要求对方把"他/她的钱"和自己的钱放在一起。在他们看来,只有正式结婚(办理结婚登记或是按家乡风俗举办过婚礼)才是"一家人",要求"共财"才具有正当性。

美发师阿建的看法在男性受访者中颇具代表性。他和同居女友没有把钱放在一起,一方面有前面提及的规避风险的原因,随后,他继续说及另一个原因:

还有,我现在也不可能跟她说,你把工资放我这,我来一起攒着或者我来理财投资什么的。虽然在理财方面我确实比她懂一些,结了婚你可以说谁更懂就谁来管钱,但现在不合适,还不是真正的一家人,她挣的钱想怎么用是她的自由,我最多可以给些建议,但不能要求她一定要怎样,更不好说交给我来管,没这个资格。

阿建用"还不是真正的一家人"来把他和女友各管各的钱的行为合理化，反映出他对于"同居金钱"和"婚姻金钱"有着明确的区分。一般而言，男性在不愿放弃对自己收入的控制权时，也会注意避免对同居女友提出要求，他们不希望被看作是干涉女友花钱自由的人。

同样地，女性受访者也一致表达了在同居期间要求对方把钱交出来"名不正、言不顺"的观点，但她们是为了避免"贪图钱财"的嫌疑。例如，我们在第二章看到，商场营业员小昕是在定亲一年多后搬去与男友同住的，接受访谈时两人的同居时间超过一年，双方父母已商定好婚期，几个月后两人将在老家举办婚礼。对于同居后的钱财管理，小昕说她虽然有时会问开了一家修车小店的男友"今天做了几单生意""有没有大单子"之类的问题，但从来没有要求男友把钱给她管，也不会问男友存了多少钱。"他主动说的时候我就听一下，我不会主动去问他的，还没结婚嘛，问这么多不好。更不会说要他把钱给我管着了，还没结婚就让人把钱交出来，说出去也不好听，别人知道了还以为我是冲着钱去的呢。"

从这一点来看，无论关系质量、结婚可能性如何，同居在法律上没有"名分"这一状态本身会让同居者有意识地把自己与已婚者区分开来，特别是在涉及金钱管理这一敏感事务时，收入分开而不是合在一起被认为是理所当然的形式。这表明，婚姻依然是一个强有力的制度，它促使人们对婚姻关系赋予一种特殊的意义，这种意义与同居关系有实质性的不同。与同居相比，婚姻是一种社会制度，受法律管制，社会对于已婚者应如何行事有明确期望。有关婚姻的规范还涉及物质支持和继承等经济安排，因此为夫妻团结提供了一个制度框架。这些正式的制度规定向人们传递的信息是，在亲密关系的发展过程中，结婚才是两人要开始决定如何管理双方钱财的正确时点。这也在很大程度上解释了当笔者问及这个问题时，不少受访者表现出来的疑惑，"自己的钱自己拿着，正常不都这样的吗？又没有结婚"。

此外，流动青年同居者在同居期间保持将钱分开，还与他们归属于不同的家庭经济单位有关。在中国，尚未结婚成家的年轻子女通常被认为与父母处于同一个经济共同体。远离父母独自在外工作的流动青年未婚男性，他们的收入（不管是否全部或部分交给父母）被视作家庭收入的一部分，是"家里的钱"。这些钱要用于日后他们结婚，比如在老家修建新房或是在县城/市区购置商品房、支付彩礼、婚礼花销等。至于未婚女性,虽然她们的父母通常声称不要她们的钱,即使寄回来也只是暂时帮她们保管,在她们出嫁时会给她们带走。然而,事实上,女性在结婚之前交给父母的钱,不仅常常可能被父母用于家庭开支,即使结婚时父母把这笔钱以嫁妆形式给了她们,但在名义上,这是"父母给女儿的压箱钱"。因而不管是男性还是女性,结婚之前都被假定为与父母是一个经济共同体,流动青年男女对此也高度认同,进而导致他们在同居期间很少考虑将钱合起来,即使在两人已经订婚或是有明确结婚计划的情况下。

22岁的阿启三年前来到江苏南通一家生产轮椅的工厂上班,平均每个月到手的工资在6 000元左右。在同居之前,他基本上是留下一小半工资做生活费,另外一大半上交给家里。后来与前女友同居期间,日常生活开销增大,即便如此,他仍然保持每个月往家里打钱,"老家那边没有这边发达,工厂少,挣钱也少,父母攒不到多少钱。我们在外面工作,父母也提醒的,说挣的钱给家里,家里操办结婚"。和阿启一样,笔者调查中的男性受访者不管是把攒下来的钱上交给父母,还是放在自己手上存着,几乎都是把这些钱看成与父母共有的,不是他个人的,更不是与同居女友共有的。

女性受访者也反复把自己的钱和家里的钱相提并论。比如,家里负担重帮着父母一起养家,为家里建房、买房出一份力,或单纯为了回馈而帮衬父母,等等。办公室文员小何18岁职校毕业后来到深圳工作,上班之后挣的工资"给家里,每当我妈说她没有钱我就打给她,自己剩下几百块钱"。小何解释她为什么把大部分工资给父母时强调:"因为家里经济上比较紧张,要供两个弟弟上学。我是老大,出来赚钱了,不能说只顾自己不管家里了。"还有许多女性的家里经济并不紧张,但她们出于回报目的会主动拿钱给父母。正在与男友同居的商场营业员小芸,17岁时离开老家来北京上班,虽然父母从未开口说过让她向家里交钱,但她一直坚持给父母钱。

小芸:我从2011年上班,我回去就会给爸妈钱。
笔者:是给家里花,还是说让他们来帮你存着?
小芸:是给他们的钱,给家里用的,不是存的。
笔者:占你收入的多少?
小芸:差不多一半吧。

笔者：一直是这样吗？

小芸：从去年开始吧，因为去年我开始打算结婚，肯定自己要留点钱，然后给的话，30%这样，不会给那么多了。之前几乎是，比如我有个2万块钱，我会给自己留个生活费，够我自己花的，其他都给我妈了。因为我想着，他们养我这么大，我现在能挣钱了，回报他们点。

前文在梳理回顾西方文献时提到，购买住房、汽车这类大宗物品容易促使同居伴侣从钱财分开向合并转变。但笔者调查访问的流动青年同居者，即便在这种情形下也不太可能把钱集中在一起。由于他们被认为与自己父母是一个经济共同体，以及在中国的嫁娶婚姻制度格局之下，买房、买车等反而更容易导致同居伴侣清晰地区分"我的钱""他/她的钱"，或是"男方家的钱""女方家的钱"。

26岁的美容师小凤与男友相识相恋6年多了，同居在一起的时间达3年之久。年龄已属老大不小的两人之所以还没有从同居进入婚姻，最大的阻碍因素在于买不起房结婚。但是，当笔者问她"你们现在有没有一起攒钱，为结婚买房做准备？"她说：

没有，我们的想法是男方买房，女方可以买一辆车。我们老家这边房子都是男方家买的，这是习俗，男方买房，女方陪嫁车。我妈妈说"不允许你贴他"，但如果他跟我说他首付不够，希望我拿一点出来，我也是可以偷偷给一点的。现在他没有提这样的要求，又说买不起房，就僵在这里。

小凤先是用"男方买房"的习俗、母亲说"不允许你贴他"来解释她不会和男友一起攒钱购房。而后她话锋一转，说只要男友提出来她也是可以"偷偷给一点"。小凤的话语暗示着，婚房需要用"他的钱""男方的钱"去购买，彰显出钱财分开的"同居金钱"理念。

第二章提到的订婚后同居的小慧，在同居第二年她老公趁请假回老家探望病危长辈的时间，到老家市区看了好几个新开的楼盘，打算定下一套作为婚房。当他打电话询问小慧对房型、楼层位置等的喜好时，小慧告诉他"别问我，你自己定吧"。我问她原因，她说："虽然说是做婚房，但没结婚就还不是他们家的人，再说是他自己攒的钱，我没有出钱，不掺和是最好的。"面对婚房购买这种对于未来家庭生活相当重要的大事件，小慧出于没有结婚和自己没出钱的缘由而选择"不掺和",背后映射的正是"婚姻金钱"和"同居金钱"之别。

三、"我们的钱":完全或部分钱财共享

当然,并非所有的同居伴侣都是"各管各的钱",调查中一部分受访者表示,同居期间两人的钱是完全或部分放在一起的。在这些钱财合一的同居伴侣中,一个有意思的现象是,几乎都是男性把钱交由女方掌管。比如,出于相爱动机而进入同居的阿德,在被问到同居期间的金钱管理时,他说:

一直以来都是她管,我从来没有管过这些,现在也是一样,卡都是她管,我没有(钱)了,就找她,她给我就行。我这个人因为从小就有点大手大脚吧,有100块我就要用100块,有多少用多少的。可能还没到下次发工资的时候,钱就花没了。所以她一过来我就把工资卡给她了。

后面他还补充说他自己也想偷懒,不想管这些琐碎事情,"反正我一个月工资就这么多,都交给你,怎么花、要买些什么,你去操心,我不管了"。这些话语可能暗含着另外一层意思,即每月工资只够开销,没有剩余的钱,分开还是合在一起没有实质性差别。另一位选择把工资放在当前同居女友手上的男性表达了类似的观点:"现在工作的话也没有什么多余的钱剩,基本上是有多少花多少,都是开支,放谁那都没啥区别。"

国外研究指出,购买住房和怀孕生孩子是对关系的一种共同投资,通常会促进同居伴侣之间的经济融合。前面分析已指出,与其他国家相反,婚房购买反而容易促使流动青年同居者产生"我的钱""他/她的钱"的钱财分开意识。那么,怀孕事件对于流动青年同居者金钱管理的影响又如何呢?笔者的调查发现,与其他国家同居伴侣的行为相似,怀孕并决定把孩子生下来,会推动同居者产生"我们的钱"的观念,工资收入从"各管各的"转变为"放在一起"。

以文员小何为例,前面我们已经了解到,她自外出工作以来就帮着父母一起养家,把大部分工资寄回家里,进入同居关系后也是照样如此。然而,在她发现自己怀孕并决定结婚把孩子生下来之后,对自己收入的看法有了明显的转变。

当时她手上刚刚积攒到了1万元,原本计划像往常那样,打到她母亲的银行卡上,确认自己怀孕后她把这笔钱留了下来。她解释说:"当时是考虑到后面生孩子要花不少钱,孩子的奶粉、尿不湿这些也很费钱,我们手头上积蓄本来也不多,就留着我们自己用了。"很显然,怀孕事件改变了小何对自己所属经济共同体的认同,开始把她、他和胎儿定义为一个新的经济单位,自此产生了"我们的钱"的概念。

还有一类同居受访者与伴侣采取的是"分中有合"的方式,两人的钱部分合在一起。通常情况下,工资卡在各自手上,但都会让对方知道自己银行卡的密码、手上有多少钱。更为关键的一点是,对另一方的钱有部分的支配权。这种"分中有合"的资金部分集中模式,既保证了个人的自主权,又提升了彼此的信任水平。比如,厨师阿实说:"各存各的,但谁有急用的话可以拿出来。我的银行卡密码是她的生日,她的银行卡密码是我的生日。"21岁的小琪和男友阿虎同居已将近一年,问及两人的金钱管理方式,小琪说:

他不愿意把钱给我管,我也没有把我的钱给他管,因为我的钱是属于流动性的,像他是每月发工资,到了15号或者25号发工资。但我的不是,我的是,可能今天有,明天没有,今天多,明天少,就没有办法衡量,所以保持了目前的状态,可能会相互问一下,你还有多少钱,我还有多少钱,都清楚,对方手里有多少钱。碰上谁手头上钱不够了,会发个微信红包过去。

美容师Linlin与同居男友在半年多前就开始商量结婚的事情,她表示虽然两个人肯定会结婚的,但毕竟还没有正式结婚,现在把钱合在一起还有点太早,完全分开又"伤感情",因而采取了"分中有合"这种折中的方式,"他的卡密码我都知道,但是我也不乱弄,我的卡密码他也没有问我,不问就不问了,就算我跟他说了,他也记不住的。可能紧急缺钱什么的,也会跟我说,我就给他。如果我缺钱的话,他就把那钱填上。比如我信用卡每个月还1 000多元他就给我2 000元,还完信用卡,剩下的钱我就放卡里了"。

有意思的是,在焦点小组讨论中,男性和女性一致认为"分中有合"的钱财管理模式在同居阶段是最理想的。它既没有"各管各的钱"所体现出来的"生分",特别是在有明确结婚计划之后;也不像"放在一起"那样过早地不分彼此,容易产生不必要的麻烦,比如万一最终以分手而结束关系。

四、"大钱"他出、"小钱"共同：
同居生活花销的支付

未婚同居的伴侣在金钱上可以清楚地区分"我的钱"和"他/她的钱"，并在个人的工资收入管理上保持个人的自主性，彼此独立。然而，同居期间所发生的共同生活开销，例如房租，水、电、煤气费用，食物和生活用品，等等，却是无法分得清"我的费用"和"他/她的费用"。这些交织在一起的生活开销要如何支付，是伴侣们要共同面对的问题，特别是那些选择钱财独立或部分独立的同居伴侣。是平均分摊，还是有一方负担更多？

来自西方的大量经验证据表明，收入分开的同居伴侣在共同开销上很少是完全的平均支付，往往是其中一方——通常是男性——支付了稍多的费用，性别观念、收入水平等都可能影响同居双方在花费分担上的差异（Miller, A. J. & Sassler, S. 2012）。国内目前仅有的一项关于同居青年经济实践的定性研究，把同居期间的金钱管理和日常生活支出视作同一行为，假定实行收入分开的同居伴侣在共同花销上自然采取的是"AA 制"（于志强，2021）。

笔者的研究支持了国外关于同居伴侣共同生活开销研究的解释。笔者调查中的流动青年同居者，无论男女，都一致指出是男方在同居期间承担了更多的花销。首先，毫无疑问，在那些同居后女方就很少工作甚至一直不工作的同居伴侣中，所有生活开支基本上是依靠男性。比如，第一章开头提到的小梅，从她辞掉工作投奔男方到两人步入婚姻的近两年同居时间里，她都没有工作。当被问及同居期间的生活开销，她直言"都是他养我的"。做电商的阿翔的女友，在约会阶段刚好辞职，不久两人开始同居，她就一直没有另找工作，每天在家打打游戏，或是出门找朋友玩。阿翔不仅负担两人共同生活的花销，还负担了她的个人消费，比如，购置衣服、护肤品，与小姐妹们的社交花费等：

跟我在一起后所有的（花销）都是我来，房租、交各种费啊，吃饭买菜啊，反正都是我来，没让她出过。我还会经常给她发个微信红包、转点钱，因为她自己买个衣服，跟朋友出去吃个饭、喝喝奶茶也要钱嘛。反正她需要了就从我这里拿，我也经常转给她。

其次,即便是同居双方都上班,有稳定的工资收入,也同样是男性负担更多的生活费用,不管两人的工资收入是分开还是放在一起。比如,说起同居期间的花费分担问题,男性受访者往往会说"都是我""大部分是我来承担",或是"基本上是我吧,她的钱就自己买买衣服、化妆品之类的"。女性受访者也一致表示对方比自己出了更多的费用,"基本上是他吧""房租钱他付,其他的两个人都出,但他出得多点"。饰品店店员小莉说得更为细致:"房租、水电什么的都是他来付,包括出去吃饭,因为之前我俩不做饭,每天都出去吃,都是他来结账。"

一般来说,同居期间的共同支出项目大体可划分为如下四类:房租;水电煤费用;食品费用,包括购买食材回家自己烧制和点外卖、外出吃饭;日常生活用品,如洗涤、沐浴用品等。大多数情况下,房租是这四类共同花销中的一笔"大钱",而且属于固定支出。我们从第二章了解到,房租是许多流动青年男性的同居决定中重要的影响因素,不少人担心房租带来的经济压力,选择推迟进入同居生活。关于日常开销分担的实践印证了流动青年男性面临的这一经济压力。在同居期间发生了房租费用的受访者①中,几乎所有人——无论男女——都声称这笔"大钱"是由男性支付的。由于这是一笔固定费用,在谈论日常开销问题时,受访者往往会有意识地把房租的支付情况单独拿出来描述。比如男性通常会说,"房租我承担,她不用的""房租基本上是我付""房租钱肯定是我来出"。女性一般也直接表示房租是由男友承担的,"现在基本上房租是他这边在支付""我跟他说房租大家平均,他说他来付就好了,后面就一直他付""房费是他出"。内衣专卖店店长文文,在一开始回答共同花销的分担问题时,她表示"基本上算是 AA 吧",但后面进一步细问房租、日常吃饭之类的花销时,她又说"房租他付"。

其他三类支出项目,由于是不固定的、零散的花费,受访者常常喜欢称之为"小钱"。而且,由于没有人有记账的习惯,后三类支出往往被混淆在一起,只描述了大致的分担情况。大多数同居者表示,这种"小钱"两个人都会出,但是男性往往会强调自己承担了其中的"大头",女友仅分担了小部分费用,像是"基本上也是我,她偶尔买点东西回来"之类的话语。美发师阿建先是声称"房租是我来,

---

① 有几位受访者所在的公司/工厂提供了单人宿舍,因而同居期间没有房租支出。

这是肯定的",然后说到其他开销"大多数我来,但比如买什么小吃的话,我没有带零钱,她也会付,这种小开销,没有分那么清楚,谁直接掏就直接掏了"。

女性同居者在说及房租以外的共同花费时,没有人声称自己出了"大头",不过许多人表示是大致平摊,或是她们负担了相当大一部分,而不像男性所说的她们只支付了很小的一部分。她们会说,"平均着来,买东西方面,有时候他买,有时候我买。我去超市买东西,一般我自己去,都是我自己买的"。或者,"买东西的话,有时候我这边买,有时候他那边买"。抑或是,"日常开销他也会付,我也会付,大概差不多吧"。

在笔者的调查研究中,有 8 对同居伴侣一起接受了访谈。与只有一方同居者的讲述相比,这些双方都接受访谈的伴侣对日常生活开销的描述提供了一个很好的比证机会。通过对双方话语的分析,所得出的结果与一方接受访谈的同居者所描述的情况大体上是一致的。因此,笔者的研究表明,一是在"小钱"开销上,也是以男性伴侣为主;二是对于女性分担了多少"小钱"费用,伴侣双方的看法不一,总体上男方倾向于强调自己付出更多、低估女友的付出,而女方则尽量强调自己也有足够多的经济贡献。

例如,阿邵和小玫是一对正在同居的伴侣,对于房租之外的共同花销,阿邵声称"一般都是我,有时候她也买菜什么的,基本上大部分是我负担的"。但是,女友小玫却说"生活上一半是他,一半是我"。另一对正在同居的伴侣阿力和小琪,两人共同生活有一年多了,阿力直言生活开销"大部分是我来承担",女友小琪却说:"有的时候我想买就买了,有的时候他想买就买了,这个不一定的,总的来说相差不大的。"

对于那些钱财分开管理的同居伴侣,在共同花销上很少使用平均分摊原则的原因,在西方的同居研究文献中普遍的解释是与性别角色规范有关,男性对养家负有主要责任的观念依然广受赞同,无论是已婚还是同居,男性很乐于表现自己的养家能力(Gerson,K. 2009)。笔者的调查研究也支持了这种解释。几乎没有男性受访者认为共同花销需要两人平均分摊,在他们看来,男性多承担是应该的、正常的。例如,当笔者问及目前的开销情况,正处于同居状态的 23 岁美发师阿建如此回答,"我承担,她不用。(那她的工资呢?)留着呗,没有想过花她的钱,我就没有这个习惯,花女朋友的钱我觉得挺不好的"。正处于同居状态的阿茂也表达了类似的观点:

开销的话，吃、住、行这方面，基本是我吧。她自己也有工资嘛，她自己想干什么都可以干，我不问的。我觉得我作为一个男的养家很正常，所以这些日常开销都是我来的。

女性同样秉持着"男性养家"的信念。笔者调查访谈的同居女性都认为，男友负担全部或大部分的共同开销是合乎常理的。比如说房租，被大多数女性理解为是一笔理所应当由男方支付的费用，仅有少数几位女性曾主动向男友表达过分担房租的意愿。在其他日常开销上，即便一些女性承担了部分花费，但也还是以男方支付为主。

但有意思的是，调查中很少有女性像小梅一样，直言自己在经济上依赖男方——"都是他养我的"，大多数女性并没有把共同花销以男方为主的情形定义为"用他的钱"，包括小莉在内的许多女性，在自述男方为同居生活花钱更多之后，往往会话锋一转，强调她们并没有"靠男朋友养"，而是"自己养自己"。

流动青年女性的这种自我认知源自两方面：首先，大多数女性受访者有工资收入，有能力支付共同生活开销，而且实际上也或多或少分担了部分花费，她们正是基于此解释自己没有依赖男性伴侣。小莉在列举了房租、水电费和吃饭等开销都是由男方负担后，说自己并没有"靠他养"。她解释道："我来北京后一直有上班，中间最多换工作的时候歇过几次，每次时间都不长，最多不超过两三个月……我也一直上班挣钱，不像那些不上班靠男朋友养的人。他作为男生花得多一点，正常都这样吧。我也没有全部指（望）着他，我也会花钱，经常家里缺个啥、少个啥，我顺手也就买了。"小莉一方面将共同生活花销以男友为主理解为是依照性别角色规范，另一方面强调她一直在"挣钱"和"花钱"买东西，以此来证明她在经济上不需要依赖对方。

其次，许多女性（也包括一些男性）强调了更为关键的一点，那就是她们的个人花销通常是用"自己的钱"。笔者调查中的男性和女性一致认为，同居生活中女性自己花钱购买她的个人消费品——比如衣服、化妆品之类——就是"自己养自己"，而不是说要与男友平均分摊共同花费。我们从前文已经了解到，小慧在恋情获得双方父母支持后，从上海来到北京投奔男友，与男友父母一同租住在郊区。在正式进入婚姻之前，她不仅有意"不掺和"到男方出资购买婚房的举动之中，还把自己定位为"自己养自己"：

我在北京是用我自己挣的钱。我是在他父母那边吃,房租什么的他们给,但是我的生活费没有用过他一分钱,除了偶尔给我买买零食,偶尔到什么节日了给我买衣服,会用他的,但是大部分都是用我自己的钱,我也会用我自己的钱给他买衣服。因为我知道他要买房子,那时候也不是说用男朋友的钱,把我自己的钱攒下来,没有,我一直没有攒下什么钱,有时候还会往里贴。

女性强调同居期间"自己养自己"再次印证了"同居金钱"的特征。小慧言语中对"自己的钱"和"男朋友的钱"有着清晰的区分,是分别属于"个人的"而不是"共同的"。内衣专卖店店长文文说到她在同居时非常注意不用前男友的钱来买她的个人用品,比如买衣服、鞋、化妆品,回老家时给家人准备的礼物等,她借用她母亲的话语表达了类似的观念:"我那个时候的想法是,自己的东西不花他的钱,这可能跟家庭观念有关吧,我妈说,两个人再怎么样,没有结婚,你不要想着用他多少钱,要用自己的,免得以后两个人闹矛盾的时候扯不清什么的。"

五、消费行为与"合适的"结婚对象

对已婚男女的研究表明,丈夫往往对妻子在服装、美容上的大笔花费表示不满,而妻子则对丈夫的抽烟喝酒、交友应酬上的消费抱怨不已,这种消费意向和习惯上的不一致常常成为夫妻间日常争吵、冲突的来源(徐安琪、叶文振,2002)。比较而言,笔者的同居受访者中,对另一方的个人消费行为不满很少像已婚者那样会引发公开的冲突。正如阿根所言,"花的是她自己的钱,肯定不好多说什么,最多偶尔劝一劝、提一句,不可能拿这个来吵架的"。阿根这番评论再次展现了"婚姻金钱"和"同居金钱"之别。

尽管如此,消费问题对同居关系的发展轨迹也有着重要影响。同居的功能之一是通过共同生活来进一步检测对方是否为"合适的"结婚对象,消费观念与行为无疑是评估的重要内容。第二章提到过的谨慎型同居者阿航和女友同居大半年了,当问及对目前关系的评价,双方在消费观念上的差异是他感受到的关系发展中存在的最主要问题,由此还影响到他对关系未来走向的评估。

笔者:你们共同生活也有一段时间了,你们两个人的感情怎么样?觉得合适吗？

阿航：算一般般吧，吵架也比较多的。

笔者：是因为什么事情容易吵架呢？

阿航：主要是消费这一块的。也不是说每次会吵架，就是分歧很大，消费观念不同。

笔者：可以具体说一说吗？

阿航：她是不出去的，像北京的话她都没有去过故宫。北京有游乐园、欢乐谷，刚认识的时候，我们办了一张年卡，她只去过一次，只是我跟她办年卡那次去了一次，我让她去，她都不去，说浪费时间又浪费钱。还有买东西也是，大专毕业之后，我经常为我父母买一些护肤品保养一下，一开始我也想关心一下她父母，保养皮肤，也为她母亲买了一套，她说没有必要给她母亲买，她也不会用，我就说你可以教她啊，我母亲以前也不会用，但是现在用得很熟，没有了还会让我买。她说没有必要，一个农村妇女，给她买也没有什么用，还浪费钱。我俩的消费习惯很不一样。

笔者：还有吗？

阿航：我们没有节日，任何节日都没有。

笔者：为什么呢？

阿航：她不愿意过。

笔者：比如说情人节、圣诞节之类的，还有过生日。

阿航：生日会过，但是其他节日都不过，不知道为什么。像情人节，我会请她吃饭，买礼物给她，她会说，不用买，太浪费钱了，别买了。就是我刚才说的消费观念，因为一般像这种节日，我会说去外面吃饭吧，尤其是她生日，买礼物，她都会说，不要，浪费钱。

笔者：她说不要，你就没有买过？

阿航：买，她会直接让我退了，因为我是网购的，她知道这个可以退的。

笔者：有没有问过她，为什么不接受你的生日礼物？

阿航：问过，她只是跟我说，没有必要浪费钱。就是没有必要开支。

……

笔者：对于未来，你觉得你们走到一起的可能性大吗？

阿航：现在来看很不一定吧，如果说磨合不了，像刚才说的消费观念，那对于我的预期来说是有距离的。我并不希望结婚之后因为某些小事而感情破裂，我不想看到这样的情况发生，如果两个人对消费、对开支的看法差异太大，没法磨合，可能后面很多事情会有矛盾，最后要走到一起也是不太可能的。

那些正在同居或同居后分手的男女受访者中不少人表达了对伴侣消费行为的不满，并且或多或少把分手（念头）的原因指向对方消费的不合理性。电焊工阿强与前女友同居时已年满 24 岁，因而他是抱着强烈的结婚动机而同居的。但是，同居三年多后，他还是没有如愿实现迈向婚姻殿堂的期望。当然，最大的阻碍来自女方家庭反对这一段跨省恋情，但他同时还认为，前女友非理性的、盲目消费行为也是导致分手结局的原因之一。"她买衣服不舍得，重点在买化妆品上了。我就说，你跟我在一块，我不图你啥，不是图你长相的，就图你人的，没有必要买那么多化妆品，过日子平平淡淡、普普通通就行了，打扮那么好干吗呢？她就一直买这些。"阿强解释说，"她什么也不考虑，我挣的还不够花，两个人和一个人（的开销）是不一样的，一直紧巴巴的，她家里就更怕她跟着我要受苦，本来就不愿意她远嫁的。"

机床操作工阿根表达了类似的看法，他因为没有钱结婚而与前同居女友分手。在他看来，这与同居期间女友大手大脚花钱不无关系。

笔者：你前面说当时两个人还是很认真的谈，是往结婚的方向走的，那后来是怎么觉得不合适了呢？

阿根：因为这边消费比较大吧，我一个月下来基本上不剩什么收入，攒不下钱来结婚，就想着先分了吧，过两年再说。

笔者：她也在这边上班赚钱，平时的生活开销她会一起分担吗？

阿根：女人嘛，总归一个月要买买衣服，买买这个那个的，总的来说还是用我一个人的。

笔者：即便过两年再谈，恋爱期间的开支是免不了的嘛。

阿根：问题是在一起两年多了，又不是刚开始，肯定是要往这方面发展的。她只管她自己花，两个人在一块的话，我工资一点也存不下，这样肯定不行的，就想再过个一两年再说。

流动青年女性同样也会趁机观察男方的消费观念，并可能因为对方花钱没有节制，不为以后结婚准备考虑而心生不满，产生分手念头。前面提到，美容师小凤与男友的结婚障碍在于男友拿不出购买婚房的首付款（男友父母同意出钱但对于在哪里买婚房有不同意见，第六章将对此问题作进一步的分析）。小凤男友外出工作十余年，但手头几乎没有积蓄，除了支付房租，余下的工资收入偶尔会拿点给他父母，大部分都花在了他个人的"交际应酬"上。小凤抱怨说："他不是当了一个小班长嘛，天天请人家吃饭，叫别人配合嘛，今天别人请他吃，明天他请别人吃，买房子啊、结婚啊，钱从哪里来，这些事情他根本就不上心。"

因消费问题而产生的不满对同居者的关系质量和分手想法的影响是很明显的，感受到对方只顾"个人消费"而不为两人关系的未来着想，心有不满的同居受访者常常由此产生分手的想法，甚至最终导致实质性分手。美容师小凤最初还会劝说男友"少吃吃喝喝"，但在发现男友并未有所改变后，她对这段感情逐渐产生了怀疑，"家里面一直是反对的，我想着在一起这么多年，不想放弃吧，一直坚持着，但他这个样子，又觉得不值得"。实际上，在接受访谈时这段同居关系正处在分手的边缘——小凤已经答应父母与亲戚介绍的相亲对象见面，随时可能开始一段新的恋情。机床操作工阿根考虑到前女友的消费习惯超过自己的收入水平，以及担心即便结婚以后也"养不起她"，最终还是结束了这段关系。

第四章　同居伴侣的家务分担

小露和老公在婚前经历了6年聚少离多的恋爱交往之后，才有机会进入同居生活。关于两人住在一起后的家务安排，她告诉笔者："差不多一半一半吧"。当被追问"一半一半"是如何具体实行的，她以"做饭"和"洗衣服"两项家务为例展开了详细的描述：

如果他先到家，就他做饭，我下班回去吃。如果我先回，我就打电话问他回不回来吃，回来吃我就做，不回来吃我就不做了，一个人我也懒得弄。……洗衣服的话，之前没有洗衣机的时候，我和他一人一天。（笔者：这是谁提出来的？）我提的，我就想着，凭什么我每天给你洗衣服，我说我们俩一人一天，今天我洗了，明天你洗。我生理期的时候就归他了，他洗，我不洗。后来有了洗衣机之后，我就洗我自己的，他的就用洗衣机洗。我不太喜欢用洗衣机，除非是大件的衣服，我懒得弄，我就用洗衣机洗，平时穿的、贴身的，我就自己洗，他的就他自己解决，就用洗衣机自己洗了。

说及家务分工，小露话语中一再表现出她对"公平"的看重（"凭什么我每天给你洗衣服"）。事实上，我访问的大多数同居者，无论男性和女性，都展现出与小露相似的态度，主张公平、平等是同居时家务安排的基本原则，强调家务要由双方共同来承担，而不只是某一方（女性）的责任，这和前面一章论述的他们在共同生活开销上复制"男性养家"的传统安排形成了鲜明对照。

小露不仅期望建立平等的家务分工，她还运用了科姆特（Komter）所提出的"显性权力"（manifest power）形式，直接跟男友说出她对家务安排的态度，并主导确立了她偏好的家务分工模式（谁先到家谁做饭、洗衣服一人一天）。在科姆特提出权力运作的三个层次概念来描述夫妻构建家务分工模式的经典研究中，男性更喜欢并且能够成功地运用"显性权力"来逃避做家务或是拒绝妻子对他们的家务要求(Komter，A. 1989)。之后的研究把对象扩展至同居伴侣发现，在同居关系中，虽然女性也会直接要求男性伴侣承担她们认为公平的家务量，但她们的意愿经常会遭到男性伴侣(至少部分)拒绝，即同居女性不太容易成功行使"显性权力"(Miller，A. J. & Carlson，D. L. 2016)。

笔者的调查研究有不同的发现：大多数女性受访者会和同居男友就家务如何分配进行讨论，直接告诉男友她们对家务分工的期望，以及她们愿意做哪些家务和讨厌做哪些家务，大多数情况下最终也得到了她们满意的家务安排，甚至是比她们的预期"更好的结果"，例如她们设想要平等分担，但男方可能主动承担更多。众多男性受访者的回答也呼应了和小露一样的女性受访者所言属实。总之，与在如何分担生活开销方面遵循传统的性别脚本有着明显的不同，流动青年同居者在家务安排上奉行的是平等主义理念。

一、家务分工和性别平等观念

自20世纪80年代以来，欧美国家的众多经验研究都证实，与已婚夫妻相比，同居伴侣的家务分担更为平等。对此的一个主流解释是，这主要在于同居者持有更为平等主义的态度，较少支持传统的性别角色分工(South，S. & Spitze，G. 1994)。然而，如果把视线转向同居者内部，另一个一致的研究结论是，同居中女性比男性做的家务更多，家务劳动仍然是男女伴侣"做性别"的一种方式(Miller，A. G. & Sassler，S. 2010)。在从约会过渡到同居关系后，男性的家务时间往往减少，而女性的时间在增加，这种变化与结婚有着相似的性别差异(Gupta，S. 1999)。

当把关注点从家务分工的结果转向家务分工的确立过程以及随时间推移而发生的变动，似乎更是表明"同居者比已婚者更坚持平等主义"的一般说法值得怀疑。研究表明，同居作为"做性别"的场所，并没有积极挑战传统婚姻中典型的性别分工模式，只有少数伴侣在同居之初就平等分担家务劳动；更为重要的是，随着时间的推移，平等分担的情况减少，而依靠传统性别分工的情形增多，以应对就业、学业、家庭责任的变化，以及关系的加固或恶化(Miller，A. G. & Sassler，S. 2010)。总而言之，西方有关文献表明，即便在新出现的、较少制度化的同居结合中,在家务分工上依然遵循传统的性别脚本。

然而,笔者的调查研究显示,流动青年同居者的家务分工情况并不是这样。尽管在第三章同居期间日常开销的分析中,流动青年男女同居者表达出了一种传统的性别信念,即由男性主要负担共同生活开销,没有人把"平等分担"作为期望的目标,但是当谈及同居中的家务安排,男女受访者展现出一种截然不同的态度,"公平""平等"成为一致强调的基本原则。

与小露对"凭什么我每天给你洗衣服"的质疑一致,许多女性受访者表达了对不公平的家务分工的强烈反对,明确表示她们所期望的是平等的分工模式。内衣专卖店店长文文与前男友分手已有一年多,回忆当初两人共同生活时的家务安排,她表示一直是两个人"一起做"。她强调说:

两个人在一起,我上班,你也上班,你也应该分担一些(家务),你也考虑一下我,我也累了,我可以做饭,我可以洗衣服,但是你不能老是指望我做饭、洗衣服,你必须得帮着一起做。

其他女性受访者虽然没有像小露和文文这样直白地反对不公平的家务分工,但她们所描述的实际家务分工同样凸显出她们追求的是平等主义的家务安排。比如,正在和男友同居的珊珊说:"差不多两个人一起弄,一起买菜,一起做,一个切菜一个炒菜。"文员小丽实行的是另一种公平模式:"分工合作,一个做饭,另一个就负责吃完后收拾桌子、洗碗。"

并非只有女性受访者对家务分工坚持平等主义观点。许多男性受访者在描述同居时的家务分工时,同样凸显了他们对公平原则的看重,尤其强调了男性的家务责任。阿威讲述了他和前女友在同居期间分工合作做饭、洗衣服——"两个人一起做,或者我做饭,她给我打下手,或者她做饭,我给她打下手;衣服一般我负责从洗衣机里拿出来晾晒,她负责收和叠"。按照他的话,"家务活不能全让一个人干"。

阿力是一名生产一线员工,工作时需要在操作区域来回走动,还要负责把装配好的组件从操作台挪出搬运至下一道工序的操作区域,他笑称自己是"干体力活的",再加上每天工作时长达10个小时,下班到家后"累得实在不想动"。因而,一般情况下,工作日他基本上不插手家务活,女友小琪承担了所有的家务。然而,一旦到了休息日和节假日,阿力声称他会包揽家务活,"周末我休息的时候都是我来,不要她动手"。对此,他使用了"公平"一词来解释:"上班的时候我比较累,也没时间做,我休息了肯定要多做,这样比较公平。"

阿涛在半年前从同居进入了婚姻,他说从两人住在一起以来,他都平等地分担家务,因为"现在不像过去,女的在家里干家务活,现在都是在外边上班挣钱,男的干家务也是应该的"。在自述同居时家务由双方共同承担的男性受访者中,不少人像阿涛一样表达了"男人也该干家务"的观点,像是"作为男的来说,也要帮着一起做饭、洗碗",或者是"男女平等嘛,(男人)干家务很正常"。

显然,不同于对待生活开销的传统态度,男性和女性受访者对于家务安排普遍持有一种平等主义的信念,这种信念也使大多数同居受访者与伴侣确立了平等的家务安排。但是平等化的家务分工远非观念的结果。

西班牙学者多明盖斯-福尔圭拉斯(Domínguez-Folgueras)比较分析了欧洲五国(德国、法国、英国、意大利和西班牙)同居伴侣和已婚夫妻的家务分工情况,他的研究发现,无论是在数量上(所做家务的百分比),还是在质量上(所分担的家务类型),相比于已婚夫妻,同居伴侣在家务分工上显示出更为平等的倾向。但是,在进一步对用于家务的总时间进行比较后,他发现同居伴侣和已婚夫妻之间存在显著的差异:同居者在家务上投入的总时间远少于已婚者,其中男性之间的差距相当小(约5分钟),但同居女性的家务总时间明显低于已婚女性(超过1小时)。由此,他得出结论:"同居伴侣的家务分工更加平等,可能只是因为同居男女都只花了较少的时间做家务。"

多明盖斯-福尔圭拉斯的研究中最具启发的一点,就是指出了同居伴侣要完成的家务劳动总量可能远少于已婚夫妻。在家务不多的情况下,容易呈现同居伴侣家务分担更为平等的局面。笔者的调查研究支持了这一解释。流动青年在同居时比较容易地形成家务共担的模式,平等主义的态度固然是一个重要原因,但更主要的还在于同居期间的家务量相当少。当被问及同居时家务是如何安排时,一些男女受访者直接表示从来没有考虑过要如何分配家务。他们告诉笔者,"没安排,没什么家务要干""没多少家务,吃好饭就洗洗碗、洗洗衣服这样",或者是"也没有什么要做的,反正就是回去睡个觉"。

在日常家务活动中,做饭——买菜、洗菜、切菜、烧菜以及饭后的收拾和碗筷清洗,可以说是一项核心的、常规的、重复性的任务。然而,笔者的绝大部分同居受访者在"做饭"这项家务活上花费的时间非常少,通常仅是休息日做一两顿饭,最多的也不过是每天做一顿晚饭。其中的原因包括两个人有不同的用餐地方；上下班时间不一致而无法凑在一起吃饭；下班到家太晚，没有时间和精力自己做，故而选择在外解决；外卖和价格便宜的小饭馆省去了自己做饭的麻烦。

比如，在酒店当前台服务员的小佩说："他那边单位是包吃的，我这边也是包吃的。如果不想在这边吃了，偶尔买菜回家做，只是偶尔做。"我们在前面看到的阿邵和小玫这对同居伴侣，小玫目前的上班地点和住处在城市的一东一西，她早上6点多就要出门赶地铁，晚上8点下班，到家通常将近10点，故而工作日两人都是各吃各的，"我们平时不在家吃，就休息的时候可能在家里做上一顿"。上文提到的声称公平分担家务的阿力，他的上班时间长（正常工作时间是10小时，经常需要加班），所以和女友小琪"偶尔在家吃一餐，周末的时候做一下"。阿闻则直言同居时两人都不愿意做饭而以吃外卖为主，"就是有时候在外面吃，要么叫外卖。因为她也不想做，我也不想做，她属于比较懒吧，我也懒得弄，因为弄了也要收拾"。简言之，通过把做饭这项家务活动外部化与社会化，流动青年同居者自己做饭的次数屈指可数，投入的时间非常少。

另一项日常家务活动——打扫卫生和整理房间——也是如此，"卫生也搞得比较少"，"基本上一个礼拜收拾一下房间"。一是受访者租住的房屋面积普遍较小，有的住一个套间中的一间房，有的整租了一居室，面积最小的才几个平方米，最大的也不过三四十平方米，需要打扫收拾的空间非常小。我们在第二章开头已了解到，阿勇趁周末从深圳到广州与小秀第一次见面后就留下来了，两人随即在小秀所在工厂附近的城中村租了一间民房共同居住。阿勇说那间房不大，靠墙放了一张床和一个柜子后，只留有一条非常狭窄的过道，他们当时几乎不需要特意花时间来打扫和整理房间，"早上起来随手就把被子叠了，房间三两下也就扫好了，没有费时间特意收拾过"。二是由于是租的住处，导致对房间的干净、整洁度要求不高，这也在很大程度上减少了家务量。比如，文员小何把对待"家里"和"出租房"的清洁要求进行了区分："不像是家里，要擦擦洗洗整得干净点，这里最多就是拖个地，一两分钟就弄好了。"不少人是和他人合租的，共用厨房和卫生间，这些公共区域通常不在他们认为的需要打扫的区域。如房产中介阿龙所说，同居时他和女友租住在三室一厅的房子里，他们仅整理自己住的房间，至于厨房和卫生间，"那是共用的，不要管的，都只管自己住的屋"。而且，对于很多人来说，租住的房间不过是晚上回来睡觉的地方，只有不上班休息的日子里，才有时间感受房间的凌乱,生出要收拾整理一下的念头。

对流动青年同居者而言,洗衣服可能是他们唯一每天要面临的重复性任务。然而,即便如此,他们很容易借助洗衣机来减轻这项家务活动的工作量,毕竟像本章开头提到的小露那样不喜欢用洗衣机的只是个例。自认平等分担家务的阿涛是这样描述洗衣服这项家务安排的:"衣服有洗衣机洗,只要晾一下,这个有时候是我,有时候是她,很简单的,反正也没几件衣服,挂在那里就好了,穿的时候直接拿。"由于普遍配备了洗衣机,几乎没有受访者把"洗衣服"视为一项家务负担。

由此看来,做饭、打扫房间、洗衣服这三项构成日常家务劳动主要内容的任务,流动青年在同居期间要么是很少发生,比如偶尔才在家做饭;要么是有家用电器减轻负担,如洗衣机;要么是要做的量很小,比如居住空间小而需要打扫的地方不多。正如多明盖斯-福尔圭拉斯所得出的结论,同居期间的家务总量不多,才使得许多流动青年同居伴侣比较容易地做到家务的平等化分担。

二、家务安排中的显性权力

当关注点从家务分工的结果转向家务分工的确立过程,更加可以看到流动青年同居者如何强化和改变与家务分工有关的性别规范。科姆特在《婚姻中的隐藏权力》一文中提出婚姻中存在三种权力,而夫妻间的家务安排正是这三种权力运作的结果。第一种为显性权力(manifest power),是指以自己的意志或偏好去影响伴侣的能力,并有看得见的结果,如家务分工的变化和冲突。第二种叫隐性权力(latent power),表现在当认为家务分工需要有所改变但实际上没有发生变化和产生冲突时。拥有权力较少的一方出于担心破坏关系的稳定、想到有更多权力一方的愿望或是以前试图寻求改变但失败的考虑,而不再想改变什么或引发冲突,都是隐性权力运行的结果。第三种叫看不见的或隐藏权力(invisible or hidden power),它本身并不会导致公开的行为,而是指主导(男性)和从属(女性)群体之间的意识形态共识。在家务安排上表现为伴侣双方对家务的传统性别分工有着明显的共识,因为主流的性别意识形态把这种分工正当化,使得双方都把它看作是自然的和不可避免的。

在科姆特的研究样本中,婚姻中三种权力对家务安排的影响存在显著的性别差异。一般来说,妻子比丈夫更希望改变分工,但妻子试图让丈夫承担更多家务的努力基本上没有效果,因为男性更经常成功地行使了显性权力来维持现状,比如他们会直接拒绝妻子提出平分家务的要求,或是说服妻子相信,她们要求平等分工是不合理的。男性对隐性权力的使用也很突出,他们对妻子提出的改变要求表现出消极的回应或态度,这使得妻子预想到丈夫的回应和可能引发的冲突而放弃自己的要求,男性的隐性权力得到默许(Komter, A. 1989)。

美国学者米勒(Miller)和卡尔森(Carlson)借用科姆特的理论,考察了同居男女在家务安排中如何使用和受到各种形式权力的影响。与科姆特所研究的20世纪80年代荷兰夫妻样本中男性更经常成功地行使了显性权力不同,米勒和卡尔森在21世纪初的美国年轻同居者中发现,女性也大量行使显性权力,尤其是中产阶层女性同居者。比如她们会直接拒绝做她们非常讨厌的家务事项,也会明确要求她们的伴侣承担哪些具体家务项目,而她们的中产阶层男性伴侣也更愿意做出让步来满足她们的要求。

在笔者的调查中,显性权力,或者说让伴侣按自己的意愿或偏好来承担家务的能力,往往会被女性在同居时成功地行使,但在男性中却很少出现。在同居之前或之初,和小露一样,一些女性受访者会就家务问题与男友进行商议,并且在这一商议过程中坚持她们自己的偏好,她们是"规则设定者"。比如小露坚持洗衣服一人一天的轮换模式,美容师 Linlin 和生产线操作工珊珊都要求在她们做饭时男友必须在旁边打下手,"我说我不高兴一个人做饭,如果让我做的话,你要在边上帮忙,陪着我"。其他女性受访者虽然没有和男友认真地讨论过家务分工的问题,但她们自己对于家务分担有着明确的"公平"预期。收银员小芸的回答是这类女性受访者的典型。她说不需要讨论,因为肯定是两个人一起分担:

这个没有讨论的必要吧,即使不说,他也明白不可能全部指望我来,他自己啥也不干,是吧,这个肯定是两个人一起分担,不需要多说什么。

拒绝承担自己不喜欢做的家务也是女性受访者行使显性权力的常见方式。比如,公司文员 Alisa 和男友一般在周休时在家做饭,但她强调说:"洗菜、炒菜这些我都会一起做,但我不洗碗,我最讨厌的就是洗碗。反正我们两个不管谁做菜,洗碗都是他。"前面提到过的小琪,平时很喜欢买衣服,衣柜空间绝大部分被她的衣物占据。她说自己不喜欢叠衣服,一般都是随意地放进衣柜,经常要在一堆衣服中翻找出想穿的那件。对于乱糟糟的衣柜,小琪的态度是"乱一点也没什么",但男友阿力接受不了,隔一段时间就会整理衣柜。小琪说:"我是无所谓的,都是洗好的干净衣服,乱就乱吧,他要看不过眼不嫌麻烦就他自己去整理,反正我不整理。"

米勒和卡尔森(Miller, A. J. & Carlson, D. L. 2016)对美国同居者的定性研究发现,在男性中突出存在一种显性权力的表达方式,研究者称之为"合理化"策略,即把他们为什么不做更多的家务解释为自己所承担的家务量已经超过了应有的份额,或是完成家务对他们来说要比其伴侣更为困难,或者他们就是不想干家务。与之相反的是,在笔者的调查研究中,同样是女性受访者更常在叙述中展示这种合理化策略。在解释她们为什么不能或不愿意做家务时,理由是她们不会做或是对方比她们做得更好,或者她们有时就是不想做家务。例如,美容师小凤说因为吃腻了外卖,和男友会时不时地做饭吃。被问及是谁来做时,她回答说:"他做啊,因为我不会做饭,从小就没做过,啥都不会。"Kiaro当过餐馆服务员,目前在美容院做前台接待,一年多前从同居进入婚姻。她说两人在一起以来都是她老公做饭,她解释说:"我老公是厨师,做饭特别好吃,正好我是属于那种什么都不会做的,光吃就行了。"文员Anna说她与男友之间有时会因家务问题而发生小的争吵,不过,往往都是男友抱怨她不干活。她笑着解释说:"他说我不洗碗、不晾衣服之类的,因为轮到该我做了,但有时候我偷懒嘛,吃好饭不想动了,就躺在那里玩手机,年轻人嘛,都有点不太想干家务。有时候他看我不动就自己去做了,有时候会跟我吵一下,反正吵架是难免的。"

来自男性的叙述也印证了女性对合理化策略的使用。例如,生产线操作工阿宏表示同居期间都是他来做饭,因为前女友"不会做菜"。阿翔的老婆自从和他恋爱同居后就没怎么上班。阿翔说当时两人的晚饭要么是叫外卖,要么是等他回来做,"反正她也不做,她就说她不会做"。同样,阿德与女友在当初家务分工时,女友表示自己不会做菜,就说好以后由他来烧菜,她负责饭后洗碗。但实际上,阿德笑着说"她就负责吃",大多数时候洗碗的人也是他,因为女友经常会使用合理化策略来逃避洗碗任务。他说:

有时候她就会说,我好累啊,我睡觉了,或者说我要出去逛街啊,我要跟谁出去逛街,就走了。你说我不洗,放在那里也不好嘛。

显性权力的成功行使是双向的,需要自己的伴侣放弃其主张。流动青年女性能够在同居中成功地运用多种方式的显性权力,直接声称"不会做""想偷懒"来得到她们想要的家务安排,也是因为她们的同居男友愿意对她们的要求做出一些让步。那么,为什么处在同居关系中的流动青年男性似乎更愿意让步,把女友的感受、意愿和需求放在他们自己之前?以下将对男性的行为和态度做进一步的展开阐述。

三、时间、男子气概和不平分的家务

毫无疑问,并非所有的同居伴侣都会平分家务。来自欧美的研究均表明,承担更多家务的一方通常是女性伴侣。在笔者的研究样本中,承担更多家务的一方,有女性也有男性,但更经常是男性做了更多的家务。

当女性是同居中在家务上花费时间更多的一方时,女性自己或男性伴侣对此的原因解释一致集中在"时间可利用性"上,将女性分担大部分家务与她们有更多空闲时间相联系。一种情形是同居时女方无工作,有足够多的时间做家务。比如前面讲到的,小梅在婚前同居阶段一直没有上班,当被问及同居时的家务分工时,她说她承担了大部分家务。她接着动用了时间说辞来解释:"我在家嘛,有这个时间。"与小梅一样,好几位表示自己或女方伴侣在同居期间很少上班的受访者,说及自己或女方伴侣承担更多家务的原因,无一例外地都是基于时间可利用性来解释。

也有双方都外出上班但女方比男方做更多家务的情形,同样被解释为她们的空闲时间相对更充足。例如,阿荣和圆圆是一对有过近两年婚前同居生活的已婚夫妻。自两人住在一起以来,一直都是圆圆干的家务更多,她解释说:"他7点钟下班,那还是正常下班时间,基本上正常下班很少的,一般加个班要到八九点,回家都要到晚上10点多了。他一天大部分时间都在工作,家里面也不能干啥了。"相比之下,她的时间则充裕得多,"我公司离得不远,基本上6点能到家,一般就把要干的家务都干完了,他回来后最多把自己的碗洗一下"。圆圆这番有关家务分工情况的描述从阿荣那里得到了证实,"家务平时基本上只能是她,我因为上班比较远,到家最早都在9点多了,经常再加个班,回家可能11点了。"其他的同居时双方都有工作但女方承担了更多家务的受访者都与阿荣和圆圆一样,动用了关于时间可利用性的这套说辞——男方受工作时间(包括通勤时间)限制,没有时间来分担家务,特别是那些比较固定、缺乏时间弹性的家务,比如做饭;而女方作为时间较充裕的一方,故而在家务上分担更多。

很显然,对于同居时女方多做家务的行为,男性和女性受访者都倾向于一种"个体化"解读,即与个人的空闲时间相挂钩,而不是出于遵循家务劳动的男女"自然"角色的本质主义概念。

一旦男性伴侣多做家务,几乎没有人动用"时间可利用性"说辞,而是归因于男性的性别身份,或者说"男子气概"。过去一种较为流行的解释认为,男性不愿意多做家务与家务劳动对男子气概的威胁有关。在传统性别秩序下,男性的男子气概是通过展示力量、坚毅和养家糊口来表现的,系着围裙做饭、打扫卫生、收拾房间将使他们显得软弱和女性化(Brines,J. 1994)。因而,男性往往会通过少做或不做家务来维护他们的男子气概,这一倾向在持传统性别角色态度的工人阶层男性中尤其突出(Williams,J. C. 2010)。然而,前文提到米勒和卡尔森(Miller,A. J. & Carlson D. L. 2016)的研究发现,美国的中产阶层男性同居者似乎更愿意"帮忙"干家务,他们对此给出了一种新的解释,"中产阶层男性可能意识到,与他们同居的中产阶层女性伴侣的教育和收入水平较高,在择偶市场上拥有较多的选择机会,她们期望并能够要求在伴侣关系的各方面获得更大的平等……男性要将这些有吸引力的女性留在他们的生活中需要更多的妥协,而不是简单地将自己制造的垃圾扔进垃圾桶"。这意味着,当性别平等成为社会普遍接受的价值观念,那些能够表明并展现出更多平等行为信号的男性,才更有可能成为具有吸引力的伴侣(Sassler,S. & Lichter,D. T. 2020)。

笔者的调查研究结果与米勒和卡尔森的解释相一致。与第三章男性同居者在共同开销上积极扮演"养家者"角色一样,他们在家务分担上也可能"大包大揽",以展现他们对伴侣的关心爱护,证明自己是适合结婚的"好男人"人选。23岁的机械设备操作工阿凯正在与女友同居。他说他做了大部分的家务,尽量让女友少动手,在他看来,这是男性体贴、爱护女友的一种行为表现。

笔者：你们吃饭一般怎么解决？

阿凯：早餐一般都是外面买的，年轻人一般都不会早起，至少都睡到7点以后，因为我要倒班，我上白班的时间是比较早的，早上我会出去给她买早餐，她中午是在公司吃的，晚上一般都是我煮饭，她不太会煮饭。

笔者：那洗衣服之类的其他家务活呢？

阿凯：偶尔我太累的时候她会做，如果我不累的话，一般都不会让她做，因为女孩子嘛，做家务伤手。

类似阿凯这样出于爱护女友而多承担家务的流动青年男性并不少见。例如，当初因为房租压力而推迟同居的阿杰说平时都是他做饭，洗碗、洗衣服之类的家务也是他负责，"因为她做这个（美容）行业，接触的人比较多，肯定会比较累一点，我相对来说轻松一点，所以我多做一点也无所谓，男人嘛，多体贴点"。物流公司员工阿金则是承担了全部的做饭任务，"一般煮饭是我，女生进厨房，被油烟熏多了也不好。"阿茂说他不让女友做饭和洗碗，原因在于他认为"女孩子的手要少碰这些。"

女性受访者在谈到男友承担更多家务时，也很乐于将这一行为看作是男友"表现好"的举动。小宁是阿茂的女友，她说阿茂"蛮勤劳的，也蛮体贴的，只要是在家做饭吃，都是他来，不会叫我帮忙的"。公司文员小竹已由同居进入婚姻，她表示自两人同居以来，她很少进厨房，所有家务活都由老公包揽：

我们家基本上都是他做饭，只要他在，除非他有特别的事情。碗嘛，他不让我洗，他觉得会伤手。有时候我们不在家吃饭，回来以后，他晚上或者第二天早上还会单独给我炒一个菜让我带饭，他觉得吃外卖对身体不好。

正在同居的商场营业员小昕与男友很少在家吃饭，两人的家务活只有收拾房间和洗衣服这两项内容，她表示"屋子的话偶尔我收拾，大部分时候他收拾，洗衣服什么的都是他干，他不让我弄"。需要指出的是，笔者调查中的许多女性已经进入婚姻，几乎没有人向笔者抱怨丈夫的家务表现在婚前和婚后不一，这也反映出年轻一代的流动青年男性积极投入家务活动的新趋势。

不管是对女友的家务安排意愿做出让步，还是承担更多家务，受访的男性同居者不担心这样会失去面子，相反，他们把这些行为作为佐证其男子气概的一个面向。事实上，未婚同居是择偶过程的一部分，愿意分担家务被认为是理想的男性特征之一,因而男性可能把多做家务作为一种投资关系未来的策略(Breen, R. & Cooke, L. P. 2005)。近年来我国农村地区适婚人口的性别比例失衡,流动青年女性在择偶市场上有更大的选择空间,这些男性可能意识到,要想成功实现从同居向婚姻的转变,需要更多地付出和表现,不仅是经济上,还包括日常生活,如家务贡献上。

四、同居日常生活安排的多重逻辑

在西方的家庭研究文献中,一种主流的看法是,同居是一种相对平等的生活安排,同居者比已婚者更为支持平等和非传统的家庭角色,倾向于伴侣双方共同养家而非由男性承担养家者角色,家务分工上更为平等而非传统的性别化分工(Thornton, A. 1989)。相较于制度化的婚姻,"不完全制度化"的同居使每个进入者都有更大的能力打破传统的性别规范(Cherlin, A. J. 2004)。当然,也有不少经验证据表明,同居者并没有,也从来没有试图脱离社会上根深蒂固的性别观念,他们经常借用婚姻中的规范期望来指导他们的经济生活和家务安排(Miller, A. J. & Carlson, D. 2016)。

第三章和本章对流动青年同居生活中的金钱管理、共同消费和家务分工的考察分析,显示出其同居生活安排的逻辑既带有同居群体的共性趋向,也反映出鲜明的中国情境特征。

对于同居期间的金钱管理,中国流动青年同居者与西方同居者一样,在观念上有着明确的"同居金钱"和"婚姻金钱"之分,在实践上也大多选择钱财分开,"各管各的钱"。除了西方同居者通常强调的原因——暂时没有结婚计划、关系未来发展的不确定性、为保持个人的自主性、不受法律保护,还有另外两个新的关键性因素:一是同居这一状态本身就会让流动青年同居者把自己与已婚者区分开来,特别是在涉及金钱管理这一敏感事务时,收入分开而不是合在一起被认为是对伴侣双方都合适的安排,而无论关系质量、结婚可能性如何。二是在同居期间保持钱财分开,还因为未结婚成家的年轻子女在中国通常被认定为与父母是一个经济共同体,他们在外工作的收入是与父母共有的,正是受此文化观念的影响,流动青年男女在同居期间很少考虑将钱合起来,即使在两人已经订婚或是有明确结婚计划的情况下。

然而,收入分开管理的同居伴侣,在共同费用上很少是平均分摊,他们往往遵从婚姻中的规范期望,男性负有主要的"养家"责任。笔者的调查显示,同居生活中的"大钱"花销——房租——通常由男性同居者来支付,其他的日常开支也是以男性为主,女性仅是作为补充支付角色。这表明,在同居期间的金钱管理和共同开销支付上,同居者完全有可能遵循不同的逻辑来进行安排,以后的研究要注意把两者分开来探讨。

在家务分工上,无论是家务的实际分工,还是对家务安排形成后的感受,都表明传统的性别脚本似乎正在被打破。这种同居阶段凸显的平等化的家务分担行为,首先与当今年轻人对性别角色的态度更加平等有关,男女都否认关于家务劳动的男女"自然"角色的本质主义观念。其次是与同居期间的家务劳动量少有关,这不仅可以解释大多数流动青年同居者能够毫无冲突地做到平等地分担家务,而且可以解释访谈中一些男女同居者从来没有考虑过要如何分配家务。最后,未婚同居是择偶过程的一部分,愿意分担家务被认为是理想对象的一个特征,因而男性可能把多做家务作为一种投资未来的策略。尤其是我国农村地区适婚人口的性别比例失衡,流动青年女性在择偶市场上有更大的选择空间,可能导致男性愿意有更多付出和表现,以成功实现从同居向婚姻的转变。

总而言之,"90后"乡城流动青年同居生活安排背后的逻辑是复杂的、矛盾的。在收入管理上,他们明确把自己与已婚者区别开来,把收入描述为个人的——"我的钱""他/她的钱",很少有"我们共同的钱"的概念。在共同生活的花费上,他们却又借用婚姻中传统的性别规范——男性是主要养家者,女性不被期望平等地分摊开销。然而,在家务分工上,又追求平等的性别分工,甚至男性还可能出于投资关系未来目的而多分担家务。因此同居生活的不同面向有着不同的逻辑,很难以传统或是现代来定义。

第五章 同居关系中的怀孕和生育

我们在第一章提及,小秀和阿勇是一对闪电式同居伴侣,两人在一星期之内从互加QQ好友到线下见面,再走到共居一室。然而,进入同居生活还不到3个月,小秀就发现自己怀孕了。对她而言,这完全是一场"意外",一是当时两人采取了避孕措施,二是她当时根本就没有怀孕的意愿。事实上,近年来的研究显示,随着婚前性行为和未婚同居现象的增多,像小秀一样有未婚怀孕经历在流动青年女性中是一种日益多见的情形(李丁、田思钰,2017)。从更大的范围来看,流动青年女性的未婚怀孕现象与全球婚姻家庭变动的潮流趋势相一致:随着未婚同居成为年轻人普遍的一种生活安排,越来越多的女性面临同居期间意外怀孕的风险(Sassler, S. & Lichter, D. T. 2020)。

做电商的阿翔告诉笔者,同居期间他女友怀孕了,不过,与小秀的意外怀孕不同,他把女友的怀孕描述为"意料之中":一是当时两人都有怀孕的想法,二是停止避孕后才发生怀孕。对于这种"有计划的"同居怀孕,国内还鲜有探究,但在同居早已作为一种普遍的伴侣结合形式的西方国家,同居和婚姻之间的界限逐渐模糊和消失,一个突出表现是生育不再是婚姻所独有的功能,有孩子或想要孩子不再是同居伴侣和已婚夫妻之间的关键区别(Gibson-Davis, C. 2011)。

显然,无论是小秀的意外怀孕,还是阿翔所言的意料之中的怀孕,都表明同居关系中的怀孕具有变革性意义。本章将首先回顾同居与未婚生育之间的关系。接下来,将探讨流动青年同居的生育态度,一是考察怀孕意愿和避孕情况,以及对怀孕和避孕的态度在同居关系过程中如何发生变化,对决定流动青年同居者怀孕意愿和经历的因素进行回溯性和前瞻性的考察;二是考察同居怀孕后的应对,探讨导致奉子成婚、堕胎和未婚生育三种不同应对方式的因素。

一、研究回顾：同居与未婚生育的增长

"百年好合，早生贵子"是婚礼上宾客们送给新人的一句经典祝福，它实际上传递出一种信息，即夫妻双方可以按照法律和社会风俗规定的那样发生性关系和生儿育女了。然而，这种家庭行为的传统顺序正在被打破，不仅是婚前性行为、婚前怀孕变得常见，未婚生育也成为一种被广泛接受的行为，婚姻在规范性行为和生育方面的作用不断减弱。

根据经济合作与发展组织（OECD）的统计数据，20 世纪 70 年代以来，几乎所有经合组织国家的非婚生子女比例都在增加（见图 5-1）。在 1970 年，大多数经合组织国家的非婚生子女比例不到 10%，到 1995 年这一比例增长到 23.1%，而到 2018 年，超过了 40%。在大多数经合组织国家，自 1970 年以来，非婚生子女的比例已经增加了至少 25 个百分点。荷兰、挪威和斯洛文尼亚的增幅最大——在这三个国家，非婚生子女的比例自 1970 年以来增加了大约 50 个百分点。在所有三个时间点都有数据的 30 个经合组织国家中，只有日本和希腊的增幅低于 10 个百分点。

这些非婚母亲并非都没有伴侣。与过去不同的是，今天大多数非婚生育来自同居伴侣，同居率上升以及同居女性生育率上升在整个工业化社会的未婚生育中起到了重要作用（Perelli-Harris, B. et al. 2012b）。在欧洲，近几十年来单身女性（没有同居伴侣）生育的比例一直保持相对稳定，未婚生育率的增长几乎全部来自同居女性的生育。在美国，2006—2013 年，大约 62% 的未婚生育来自有同居伴侣的女性，比 20 世纪 80 年代初的 29% 大幅增加（Smock, P. T. & Schwartz, C. R. 2020）。

这些行为变化反映在态度的巨大转变上。对欧洲各国的一项调查显示，在 20 世纪 40 年代出生的人中，62% 的人认为人们应该在生孩子之前结婚，在 20 世纪 60 年代出生的人中，只有 34% 的人持这样的观点，而在 20 世纪 80 年代出生的人中只有 28%（Berrington, A., Perelli-Harris, B. & Trevena, P. 2015）。美国一项全国调查的结果显示，3/4 的年轻人表示同居生子是可以接受的，这一观点在不同教育和种族/族裔群体中是一致的（Manning, W. D. 2020）。

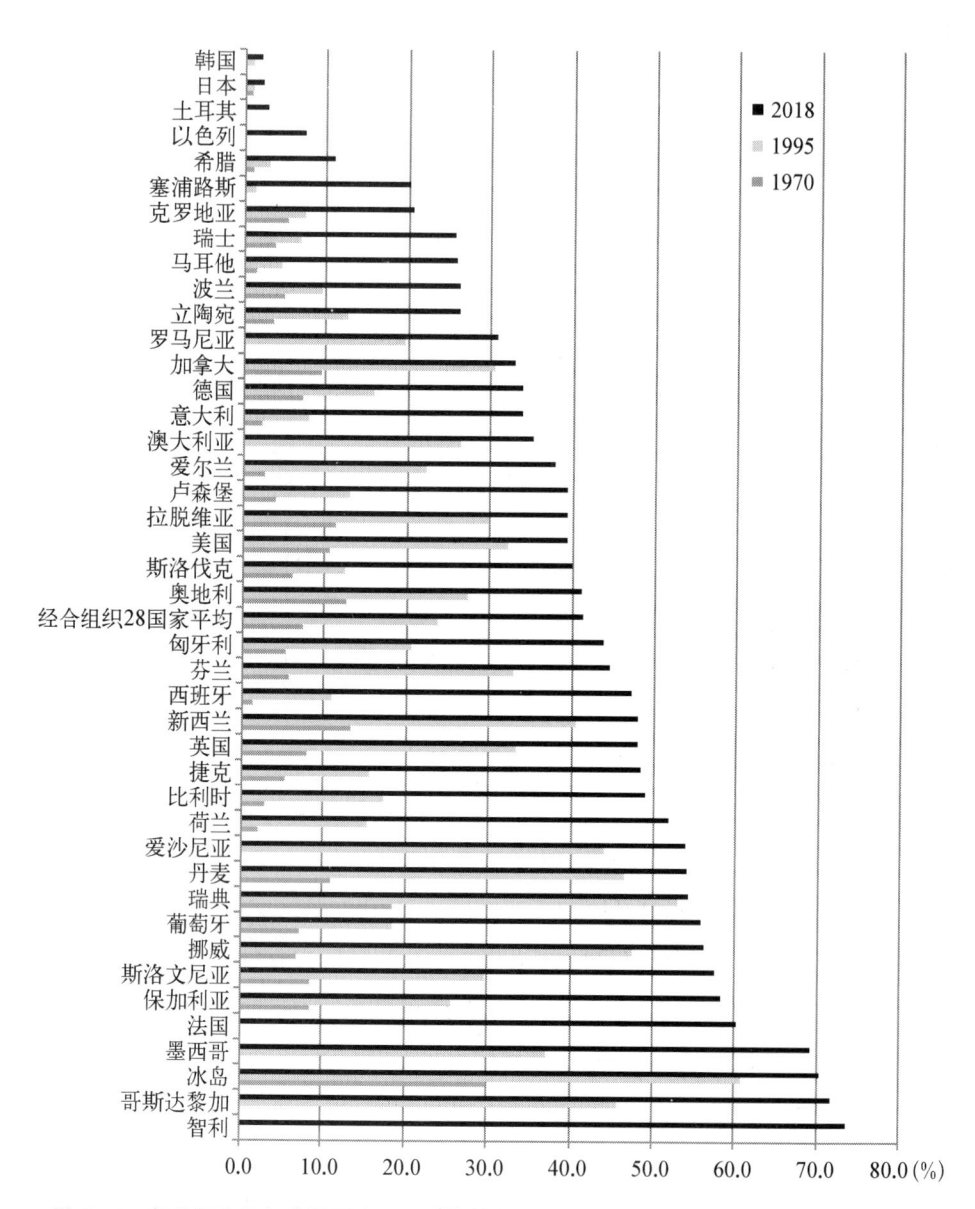

图 5-1　部分经合组织成员国家不同时期的非婚生子女比例（1970 年、1995 年、2018 年）

注：指母亲在生育时的婚姻状况不是已婚的所有新生儿的比例（%）

数据来源：OECD Family Database，http://www.oecd.org/els/family/database.htm，Chart SF2.4. B. Share of births outside of marriage over time.

这些行为和态度的数据表明，同居作为一种生育和养育子女的关系环境越来越被接受。研究人员大致围绕两条主线探讨了促使同居者生育水平急剧上升的社会、文化和经济因素。一条主线聚焦未婚怀孕,致力于了解影响同居女性未婚怀孕的因素。其核心观点是,同居生育的增长很大程度上是因为同居人口的上升,这增加了女性怀孕的风险。尽管20世纪60年代新避孕方法的发展使女性(及其伴侣)能够更容易地控制生育,但大量经验证据表明,与同一年龄段的单身女性相比,同居女性发生意外怀孕的可能性要大得多,尤其是那些年轻、未受过大学教育及在社会经济地位较低家庭长大的女性(Bouchard,G. 2005;Perelli-Harris,B. et al. 2012b)。与已婚母亲相比,同居母亲更多地表示孩子的出生是计划外的(Musick,K. 2002;Sassler,S. & Miller,A. 2014)。

为什么现代避孕技术并没有使女性可以在免于担心怀孕的情况下与异性发生非婚性行为和同居?同居女性的避孕需求未得到有效满足的个人和社会因素成为探讨的重点。相关的研究大多发现,同居怀孕女性的避孕知识水平较低,尤其是教育程度不高或年龄较轻者,她们获得高质量的生育控制指导服务的机会较少,而且往往对指导者持有不信任的态度(Guzzo,K. B. & Hayford,S. R. 2020)。预约获取避孕处方和定期配药、服用避孕药可能带来的副作用、消极的知识和态度以及缺乏男性伴侣的支持,使避孕对部分同居女性来说代价高昂,也因此难以坚持(Kendalla,C.,Afable-Munsuzb,A.,Speizerc,I.,Averya,A.,Schmidta,N. & Scantellid,J. 2005)。

家庭社会学者则注重于了解同居关系本身如何影响同居女性的避孕。一些针对低收入和中等教育程度同居者群体的定性研究发现,同居进展速度是影响采取有效避孕措施的重要因素。快速进入同居关系之中的女性很容易在最初几个月内发生怀孕,因为关系进展过快,伴侣双方不容易有足够的时机讨论避孕,以及就如何避孕达成明确和一致的看法(Reed,J. M. 2006)。同居关系中避孕行为和方式也是不断变化的,伴侣们通常在初期阶段持续采取避孕措施,但随着同居时间的推移,伴侣们对于避孕很容易产生放松的心态,会倾向于减少使用避孕工具,或者转向风险性较大的方式(如安全期避孕、体外排精),从而加大了意外怀孕的风险(Sassler,S. & Miller,A. J. 2014)。

还有一些研究者对同居关系中的怀孕是"意外"的隐含假设提出了质疑,他们指出,随着同居的普遍化和意义的变化,人们对适合怀孕和生育的环境的观念也会改变,同居还可能导致"计划内"怀孕的增加。经验证据表明确实如此。研究发现,那些把他们的同居看作是婚姻前奏的同居者更容易进行有计划的怀孕,许多经过一段时间共同生活(从几个月到多年)的同居伴侣在决定结婚的同时，往往也做出了生孩子的决定，并有意停止采取避孕措施(Steele, F., Kallis, C., Goldstein, H. & Joshi, H. 2005; Sassler, S. & Lichter, D. T. 2020)。结婚预期也会增加同居者的怀孕意愿，那些有结婚目标但认为近期还不是理想结婚时机的男女同居者，很容易有计划内的怀孕，原因在于共同抚育孩子可以进一步加强伴侣之间的承诺和关系稳定性(Musick, K. 2007; Hiekel, N. & Castro-Martín, T. 2014)。

另一条主线聚焦于未婚怀孕后的关系，探究的是从怀孕到孩子出生期间关系的变动对非婚生育水平的影响，因为一个新生儿属于婚内生育还是非婚生育，取决于母亲在怀孕与分娩的几个月在不同关系类型之间的转变。这一主线的基本观点是：未婚生育水平的上升是人们应对怀孕的婚姻行为发生变化所致。过去，如果女性未婚怀孕后(无论是否同居)不想堕胎，社会规范压力会促使她们赶在孩子出生之前结婚，把婚前怀孕"合法化"为婚内生育(Manning, W. D. 1993)。但到了20世纪90年代，结婚不再是未婚怀孕后的必要行为，同居伴侣在怀孕后更有可能是继续同居，"奉子成婚"的比例迅速下降，而且越来越多的单身女性怀孕后选择的是同居而非结婚。正是"奉子同居"取代了"奉子成婚"成为未婚怀孕后关系变动的主要模式，对未婚生育水平带来了巨大的上升压力(Holland, 2013; Lichter, D., Sassler, S. & Turner, R. N. 2014)。

与西方社会相比，中国的未婚生育一直处于极低水平(於嘉,2022)。尽管如此，未婚怀孕现象却在增多。对"2017年全国生育状况抽样调查"数据的分析表明，在15—60岁女性中，有21.5%发生过未婚怀孕(李文珍,2020)。一些特定群体有着更高的未婚怀孕发生比例，如据2015年数据估计，全国流动人口夫妻中未婚先孕的比例高达30.6%(李丁、田思钰,2017)，而在婚前同居的"80后"和"90后"中，更是有将近一半的女性在同居期间怀过孕(Yu, J. 2021)。此外，各地零散的医院流产手术数据也显示，手术对象中未婚女性占相当大一部分(谭芳女,2013;程晓冉、潘佳欣,2019)。

对于未婚怀孕现象的持续上升，国内学界的一个普遍看法是，这主要是青年人的婚前性行为、同居变得日益常见，而他们的避孕意识与避孕实践却没有跟上所致(李丁、田思钰,2017)。例如，一些研究发现，由于缺乏避孕意识和较低的避孕知识水平，未婚青年在性行为中的避孕措施低效(黄丹,2016)。不少针对有未婚怀孕经历的女性群体的研究结果显示,这些女性中的大多数或是没有想到要避孕,或是不知道如何正确地避孕(王菊芬,1999;蔚志新、汤梦君,2013)。人口流动也是推动未婚怀孕现象增长的一个重要因素,婚前流动会显著地提高女性婚前怀孕的风险,初次外出时年龄越小、外出时间越长的女性经历未婚怀孕的可能性越大,尤其是那些教育水平较低的乡城流动女性(徐鹏、施宇,2019)。

上述研究为了解中国未婚怀孕现象的变化趋势提供了一些信息,但存在的不足和局限也很明显。一是现有关于未婚怀孕的讨论都隐含一个基本假设,即这些怀孕是"非意愿的",是性行为的意外后果。然而,21世纪以来未婚同居现象的兴起,意味着今天很大比例的未婚怀孕很有可能发生在持续共同生活的伴侣之中,而不是偶然的婚前性行为的结果。由此产生的问题是,这些怀孕的意义与非共同生活的婚前性关系中的怀孕有何相似或不同?避孕知识水平较低或避孕失败是否足以充分解释同居关系中的未婚怀孕?二是已有的分析都集中于未婚怀孕,怀孕后的应对选择却很少有关注。因而,我们不清楚是什么样的决策过程和因素导致了未婚怀孕后一些人走向"奉子成婚",而另一些以人工流产结束,也不清楚为什么很少有人选择未婚生育?三是男性在未婚怀孕和怀孕后应对中的作用很少受到关注,但无论是怀孕前的避孕措施使用,还是怀孕后的结果走向,男性的意愿和行动都是重要的决定因素(Goldscheider, F. K. & Kaufman, G. 1996)。

前述对西方文献的回顾表明,同居关系中的非婚怀孕和生育比例的上升是20世纪下半叶以来在大多数社会已经或正在发生的家庭变化的一部分。因此,对于中国的未婚怀孕及怀孕后的应对,也要放置在这种婚姻家庭行为变迁的背景下来探讨。对流动青年群体而言,未婚怀孕尤其是同居怀孕增多,可能不只是由于婚前性行为、同居增多而加大了女性的怀孕风险,还可能是年轻男女对婚姻与生育之间的传统规范的态度发生了变化,与婚前性行为、同居一样,婚前的怀孕逐渐成为一种可接受的行为。下面,笔者将运用对有未婚怀孕经历和正面临未婚怀孕风险的两类流动青年男女同居者的调查资料来进行探讨。

二、同居中的意外怀孕

避孕技术的进步使控制生育变得更加容易,年轻女性可以在不担心怀孕的情况下发生婚前性行为。尽管如此,未婚女性意外怀孕的比例还相当高,尤其是有同居伴侣的年轻女性,她们的避孕失败率高于同龄的已婚和单身女性(Bearak, J., Popinchalk, A., Alkema, L. & Sedgh, G. 2018)。这也是西方学者将未婚生育率的上升很大程度上归因于同居人口增长的原因。笔者的调查研究也表明,同居确实增加了女性意外怀孕的风险。在笔者的同居样本中,有超过1/3的受访者自己或其女性伴侣在同居期间怀孕了,其中有几位在接受访谈时还正处于孕期。从意愿上来看,这些怀孕大多不是计划之中的,大部分人把当初的怀孕描述为"意外",表示在怀孕之前并没有怀孕的想法。

根据同居时有怀孕经历的流动青年男女受访者关于怀孕前避孕措施使用情况的描述,至少有三个方面的原因可以帮助解释为什么进入同居关系的流动女性容易发生意外怀孕。

首先,避孕时的疏忽大意致使怀孕风险大增。在各种避孕方法中,同居受访者最常采取的是由男性伴侣使用避孕套,但偶尔的疏忽大意——比如忘记使用,没有全程使用——就可能导致怀孕。22岁的小吴是一家教培机构的前台接待员,她把自己当初的同居怀孕归因于"我大意了"。原来,在一次要使用避孕套时发现恰好用完了,她觉得偶尔一次不使用也不会正好"中奖",谁知还是事与愿违。质检员小曼和男友同居一年多后意外怀孕,在问及意外是如何发生的时,她回答说:

当时是端午节,我们跟同事一起出去吃饭,也喝了一点酒,就没有想过这方面,根本没有想起避孕这件事。就那一次忘了,没想到就有了。

把怀孕归因于避孕时疏忽大意的男女受访者一个显著的共同点是,他们在同居之初因担心怀孕而对避孕持十分谨慎的态度,不过,随着时间的推移,他们对避孕的重视程度逐渐下降,从而难以坚持严格做好避孕措施。一些受访者形容,"时间长了有些大意,不像刚开始那样很当一回事""到后面可能要到最后了才用(避孕套),刚在一起的时候因为担心(怀孕)会一开始就用的"。这种避孕行为在关系过程中发生变化,一些西方文献也证实了这一点:关系开始阶段避孕措施的使用率很高,尤其是避孕套的使用,但随着时间的推移而变得不太稳定(Guzzo, K. B. & Hayford, S. R. 2020)。

其次,倾向于依赖有效程度较低的避孕方法。在自述怀孕前采取了避孕措施的男女受访者中,像小吴和小曼一样可以详细地描述当初导致怀孕意外发生的具体情境者只是少数,更多人往往不清楚意外是如何发生的,只是简单地归结为避孕失败。从事代理销售的阿鹏(23岁)和女友Sari(20岁)是一对同居伴侣,初次访谈时,两人刚从阿鹏不时留宿Sari住处进展到他完全搬过来住。几个月后,当笔者再一次访问两人时,Sari已怀孕两个多月。阿鹏说他采取了避孕措施,不清楚是哪里出了问题。Sari关于避孕行为的说辞与阿鹏完全一致,她同样表示不知道为什么出现避孕失败。

"说不清楚"是这些自认有避孕行为的受访者在回忆怀孕经历时最常见的表述。然而,当进一步追问他们的避孕方式时,笔者发现当中很多的"意外"其实并不意外。比如,Sari从网上了解到在一个月经周期内有排卵期和安全期之分,坦言有过利用安全期避孕。与Sari相类似,随着同居的时间变长,一些人倾向于采取"避孕套+安全期"的避孕方式,一般只在自己/伴侣的排卵期才使用避孕套,像是"有时候她会说是安全期,不用没关系",或者说"我算日子的,如果在排卵期就会要求他用(避孕套)"。另外还有一些人则委婉地表示,有时会采取体外排精的方法来避孕,"就是小心一点,最后的时候在外面就没关系的"。虽然说估算安全期、体外排精都属于合理避孕方式之一,但这些方式在实际使用中往往失败率很高(Sassler, S. & Miller, A. J. 2014)。流动青年同居者时常依赖这些有效程度较低的避孕方法,无疑会增加怀孕风险。

再次,避孕知识的缺乏,然而,与以往研究普遍推测年轻流动人口未婚怀孕主要是由于缺乏避孕知识不同的是,笔者的调查访谈表明,因为不知道如何避孕而怀孕者只是少数。这些受访者与前两者相比,怀孕发生时只有十八九岁,最多不过二十岁左右,因为"不知道""不懂",同居后没有采取任何避孕措施,随后不久就怀孕了。

生产线操作工阿贵就是其中的一个典型代表。他19岁时和女友(18岁)一起前往上海打工,仅仅过了一个多月,女友就怀孕了。在被问及当时是否采取了避孕措施时,他回答说没有,原因是"那时候还没有往这个方面想,因为也不是很懂那些"。美容师Lily怀孕时刚刚20岁,询问她怀孕前的避孕措施时,她同样回答道:"我不知道怎么避孕,我也不懂。人家说采取什么避孕措施,我说什么避孕措施呀,我不知道,不懂(大笑)。"

阿贵和Lily的一番话反映了他们对性行为与怀孕后果缺乏基本认知,故此没有产生避孕意识,更不用说具备什么避孕知识。文员小何与他们稍不一样,她知道一旦与男友发生性行为自己就有可能怀孕,想到了要避孕,但是初次发生性行为的她不知道要如何避孕,男友也没有提供避孕方面的支持,结果是"不知不觉就怀孕了"。她说:

> 我想过(避孕)的,因为那个时候我们是第一次同房,不太懂这个东西。那个时候我也很担心,会不会怀孕,他说不会。结果不知不觉就怀孕了。

简言之,同居确实在很大程度上增加了流动青年女性意外怀孕的风险。最常见的原因是同居伴侣避孕时的疏忽大意(如偶尔忘记、中途使用)和依赖有效程度低的避孕方式(如"避孕套＋安全期"、体外排精等),很少是由于缺乏避孕意识和知识。

三、有计划的同居怀孕

同居关系中的怀孕并不总是计划外的。随着同居发展为一种普遍的亲密伴侣结合形式,它与婚姻以往最为重要的区别——生育意愿和行为——开始模糊和消失,同居也成为一种可接受的生育环境。欧洲和美国的一些研究表明,随着同居持续时间的增加和关系变得更加认真,一些同居者倾向于想要一个孩子(Guzzo, K. B. & Hayford, S. R. 2014; Barber, J. S. et al. 2019);那些处在稳定的长期关系中的同居者,更可能声称在同居期间怀上的孩子是计划中的(Klüsener, S., Perelli-Harris, B. & Sánchez, G. N. 2013)。

同居者会如何进行有计划的怀孕呢?英国公共卫生学者巴雷特(Barrett)和韦林斯(Wellings)在一项对不同教育和经济水平的英国女性的定性研究中归纳了有计划的怀孕一般满足四项标准:打算怀孕、伴侣同意、生育时机合适和停止避孕(Barret, G. & Wellings, K. 2002)。美国同居女性的情形很大程度上与这些标准相似,她们打算要孩子和准备怀孕通常与关系质量、对孩子意义的看法、生活目标和成就等因素密切相关(Zabin, L. S. et al. 2000)。

本章开头提到的阿翔女友的怀孕完全符合上述四项标准。事实上,有一部分受访者和阿翔一样,指出当初在自己/伴侣怀孕之前就有了明确的怀孕打算,或是说怀孕是理所当然的结果。

一些人的怀孕想法产生于结婚计划明确之后。在同居初期,这些同居伴侣一直采取避孕措施,随着时间的推移,关系稳定发展并得到双方父母的认可,在规划着下一步进入婚姻后,同时认为到了适合怀孕的阶段,故而不再采取避孕措施。阿荣和圆圆的恋情始于高中校园,在从职校毕业到上海工作了将近两年后,感情非常稳定且认为到了该结婚的年龄,在结婚打算获得父母支持后,两人有了怀孕的想法。圆圆解释说:"因为决定结婚了嘛,这个时候怀孕,时机上也是适合的。"之后他们不再采取避孕措施,到举行婚礼时圆圆已怀孕三个月。

在调查中,更为常见的计划内怀孕情形是,同居后怀孕被认为是一种理所应当、顺其自然的结果,因而在同居之初就没有产生过避孕的念头。这些受访者一致强调说,他们是在有婚约(订婚/定亲),或者是父母赞同恋情之后才住到一起的,已经有明确的结婚计划或预期,因此不需要避孕。例如,电子厂文员小梦20岁时认识了现在的老公,两人异地相恋大半年后回老家举办了定亲仪式,随后又各自返回自己打工的城市。没过多久,男方辞去工作来到小梦所在的城市。同居几个月后,小梦发现自己怀孕了。对于当时的怀孕,在小梦看来是一种必然的结果,根本不需要事先讨论,因为关系已经正式定下来,没有必要避孕。她说:

有些人很早就开始同居了,怕万一没成或者父母反对,怀孕就不太好嘛,这种情况女孩子肯定要注意避孕的。我们当时不一样,他过来我这边的时候,我们都订过婚了,没有必要避孕。

小梦对于订婚后发生性行为的避孕态度,在与她情形相似的未婚女性中并不少见。事实上,21世纪初的一项以婚检女性为对象的调查就显示,26%的婚前怀孕者表示是"自愿妊娠"(尹晓玲,2003)。在大多数情况下,正是有了结婚的预期,这些年轻女性把怀孕看作顺其自然的结果,因而未采取避孕措施,除非有意要推迟生孩子。例如,商场营业员小慧就表示,她每次都坚持让男友使用避孕套,因为她想等两人有一定经济基础以及她自己"玩够了"再考虑要孩子。

更令人惊讶的是,在大多数情形下,计划内的怀孕不仅反映了同居伴侣的意愿,也反映了来自双方家庭的期待。在解释当初为何打算怀孕时,男女受访者一致强调家庭期待也是重要推动力，表示父母（双方或一方）希望他们尽早怀孕，不要采取避孕措施。像阿翔就说，"她父母也说，反正在一起了，我们也认可，可以要孩子了，有小孩的话就不要打掉，就生下来，她父母很早就这样跟我说过了。"从事金融服务的阿闻与女友在订婚之后就不再避孕，他同样提到："当时她家里，订婚之前就和她说过不要避孕、早点要小孩之类的话，订婚后当面对我们说过好几次。"

文员小爱在订婚后按照家乡习俗住到男方家里，男方母亲极力劝说她早日怀孕，"没过几天吧，我婆婆就整天来我房间跟我说，生个龙宝宝好啊，谁辞职了回来生龙宝宝，你看那个谁怀孕了，谁也怀孕了，都是为了生个龙宝宝。就是天天来催"。她自己的母亲也同样劝她尽早怀孕，"我妈也是隔一段就要问一下的，反正当时被她们问得烦得不得了，恨不得马上怀了就好，不可能避孕的"。

国内有研究发现，在部分农村地区，一些年轻男女仅仅举办婚礼而不去办理结婚登记，女性以未婚身份生育，目的是为了规避计划生育政策，实现男孩偏好和多生的生育目标（张青，2011；陈红霞，2012）。在笔者的调查中，有一类计划内的同居怀孕反映了一种新的实现生育目标的形式。随着年轻人婚前性行为和同居兴起，未婚女性有（重复）人工流产经历的可能性增加，这无疑增大了她们在未来婚姻中不孕不育的风险。于是，为了"检验"有流动经历的年轻女性的生育能力，出现了男方家庭把女方怀孕作为结婚前提条件的新现象。文员小桃在22岁时"奉子成婚"，她先是说定亲后有性行为不需要采取避孕措施，因而同居后不久就怀孕了。但是，在随后的访谈中，她透露出另一个更为关键的原因：近些年来，在她老家村庄（也是她老公家村庄）新形成了一种"先怀孕后结婚"的风俗，当时只有在她怀孕后两家才会筹办婚事。她说：

我老家那边现在都要女孩子怀孕了男方家里才同意结婚。（为什么？）怕女孩子怀不上、生不出孩子呀。因为女孩子十七八岁就出来了，现在社会又开放得很，女孩在外面怀孕、流产也很常见，流产次数多了就很难再怀孕了。带回家见面的时候，相亲的时候，看上去都正常得很，根本发现不了。如果这家儿子结婚后迟迟没生孩子，不就是女孩子有问题嘛，你让男方家里如何承受得了别人的眼光呀。所以要结婚办酒，女方得先怀上孩子。

同居后怀孕是结婚先决条件这一点尤其值得注意,因为未经笔者任何的提示,她主动提到了怀孕与婚礼的联系。事实上,最初的访谈提纲中并没有涉及这一主题,在访问完小桃后,笔者把这一点列入了对后面受访者的访谈问题中。虽然只有少数几个女性受访者承认自己当初经历过或现在面临着男方家庭"先怀孕后结婚"的压力,但很多男女受访者对这种新风俗早有耳闻,他们的朋友、同事当中不乏有过此类压力者,还有一些人是从父母家人口中得知。例如,出生于1990年的小迪接受访谈时从同居进入婚姻已有七八年之久,是笔者的受访者中最早结婚的同居者之一。据她所说,当初她结婚时,她老家还没有"先怀孕后结婚"的风气,不过,最近几年来情况有所变化,"听我父母说起过,老家有人家儿子结婚后两三年都没生出孩子,就去医院检查,发现是那女的以前打过胎,伤着了,就不太容易怀了。后来吧,慢慢有了这种风气,就是定亲后不急着办结婚酒,两人先在一起一段时间,怀上了再办"。

一些焦点小组中年龄稍大的女性成员也强调了婚前怀孕演变为结婚的前置条件。

结婚前怀孕很正常了吧,怎么说呢,如果没有怀孕,男方家还会嫌弃你女的是不是有毛病呢。如果在一起一年了还没有动静,他们就会说,这女孩子是不是有点不正常,可能要考虑了,要去检查了,这个婚是不是不要结,现在这样的看法很常见了。

(焦点小组第四场,苏州)

由此来看,那些有明确结婚计划的男女同居者,怀孕更有可能是他们的预期行为,而且通常还得到了父母支持甚至是父母积极施压推动的结果。一方面,在有结婚承诺(如定亲、订婚)的情况下进入同居,或是关系发展到"下一步"向婚姻过渡的流动青年同居者(尤其是男性),往往会认为他们到了适合怀孕的阶段,故而不(再)采取避孕措施,怀孕成为结婚准备过程的一部分。可以说,在年轻的流动人口群体中,一种同居、怀孕和结婚的联合决策模式正在形成。另一方面,流动青年同居者的怀孕意愿还受到家庭期待的推动,双方父母往往期待他们尽早怀孕。不仅如此,男方父母对同居女性的怀孕期待,还反映了婚前性行为增多和人口流动背景下男方家庭实现生育目标的一种策略性应对,为检验流动青年女性的生育能力,怀孕还有可能是结婚前必要的一步。

四、正在同居者的怀孕意愿：
期待还是避免？

回溯性资料容易受到回忆偏差的影响，因为人们很难将怀孕前的想法与怀孕后的经历分开，从而可能会根据当前的现实修正过去的想法(Bouchard, G. 2005)。因而，研究人员认为需要对尚未怀孕的当前同居者进行前瞻性调查，这样更有可能准确地反映同居者的怀孕意愿(Weitzman, A. et al. 2017)。正是出于这种考量，笔者对正处在同居状态的受访者的怀孕意愿以及让他们计划或避免怀孕的原因做了调查。这些有怀孕风险(自己/伴侣)的流动青年进入同居的时间长短不一，最短的才三个月左右，最长的有三年多，大多数是在六个月到两年之间。

基于目前怀孕意愿、采取避孕措施的情况以及对今后万一怀孕的应对，可大致将这些受访者划分为三类：第一类正在积极尝试怀孕或持顺其自然态度，没有采取任何避孕措施；第二类认为近期还不是怀孕的合适时机，因而坚持使用避孕措施以尽量避免怀孕，但同时也表示万一意外怀孕还是会要这个孩子；第三类强烈反对在当前及今后一段时间内怀孕，他们严格采取避孕措施，防范避孕失败，并且表示万一怀孕了也会选择放弃。

期待怀孕之中

一些正在同居的流动青年男女对怀孕表达了期盼或是顺其自然的态度，认为如果自己/伴侣怀孕了会很高兴。其中，一些同居者因为有怀孕的打算，已经停止使用任何形式的避孕措施。23岁的机械设备操作工阿凯和女友已同居两年多，婚期定在了即将到来的春节期间。在问及避孕措施使用情况和怀孕计划时，他表示："今年开始吧，有怀孕打算，我们商量过的，后面也没避孕了……现在有了的话当然高兴啊，毕竟早就有这个想法了。可能父母们比我们更要高兴，一直在问。"

与那些曾经在同居期间计划内怀孕的人相类似，希望自己/伴侣现在怀孕的同居者，怀孕想法的产生与结婚准备紧密关联在一起。比如，有了明确的结婚计划(订婚、大致商定好结婚日期),或是非常确定两人关系的"下一步"是进入婚姻。这些流动青年男女倾向于认为,一旦两人决定结婚就意味着到了适合怀孕的时候。家庭期待同样被普遍认为是计划怀孕的驱动因素,男女受访者都提到自己的父母多次问及是否怀孕,提醒他们到了考虑怀孕的时候。像是阿凯女友的母亲在电话中多次劝说他们不要再避孕。

此外,年龄稍大的受访者希望怀孕还反映了一种与生育有关的年龄规范。受老家相对较低的适龄婚育观念的影响,他们认为自己即将要错过怀孕和生育的最佳年龄,甚至已经"有点晚了""属于高龄了",促使他们在确定要从同居走向结婚的同时做出了怀孕决定,不再采取避孕措施。26岁的阿智说在他的老家,"只要找到合适的,就结婚了,20岁多一点结婚的很多"。在老家人眼里无疑属于大龄未婚行列的他,期盼着早日完成结婚生子的人生大事,"我这个年龄已经是很大的了,当然是希望尽快有了"。25岁的内衣店店员小戴表达了同样的适龄生育的迫切感,"明年我都是二十六七了,再不要就年纪大了"。这一点与在有早婚早育传统的东欧社会的研究发现一致,在东欧,初次生育的年龄规范仍然很强而且相对较低,同居者想要生孩子的意愿与年龄密切相关(Mynarska, M. 2010)。

需要指出的是,伴侣双方的怀孕意愿常常并不一致。在笔者的调查研究中,大多数情况下,流动青年男性同居者的怀孕意愿更为强烈,而女性呈现的则是一种矛盾心态——她们觉得晚一点怀孕更为理想,但如果现在怀孕了,她们也会感到很高兴。不少男性受访者解释说,他们盼望同居女友怀孕,原因在于怀孕很大程度上可以起到"结婚催化剂"的作用。这些男青年(包括他们的父母)有强烈的结婚意愿,但女友不想早早进入婚姻,或是女友父母还没有完全同意婚事。男性同居者认为,一旦女友怀孕,可以借此尽快向婚姻过渡。20岁的生产线工人阿炳与女友(19岁)同居将近两年,受老家的同学相继结婚生子的影响,他认为自己也到了"该结婚的年龄"。但是,对于他提议的明年结婚,女友以自己年龄还小而尚未答应。阿炳说他非常希望女友早日怀孕,因为这样"她就不会老想着玩了,正好可以结婚了"。

一些女性受访者同样表示,男友希望当前就怀孕,而她们认为理想的怀孕时机是半年或一年后,提及的原因包括想多玩一段时间、喜欢当前的工作。尽管对怀孕表达了一些保留态度,这些女性仍非常肯定地表示,如果现在怀孕了她们还是会很高兴,原因在于她们与男友的感情稳定,早已做好结婚准备。不过,随着对此话题的交谈更加深入,这些女性受访者的话语实际上还反映了一种更为主导性的因素,即当男友和双方家庭一致对怀孕施加压力时,女性很难坚持她们自己对怀孕时机的偏好。23岁的商场营业员小昕的回答颇具代表性:

> 我自己是觉得过两年是最理想的,这边的工作我很喜欢,不想这么早就放弃。但这种事情也不是我一个人就能决定的吧,他,家里面是希望我们早点生的……怀孕还是得看机缘吧,有就要,肯定要的,家里人也会说要留下来的,毕竟我们在一起很长时间了,有了还是会很开心的……

这些一方对怀孕持高度期盼态度(通常为男性)而另一方持保留态度(通常为女性)的同居伴侣,目前也处于不避孕的状态。阿炳说女友不再像以前那样,一定要求他使用避孕套,于是,"她不说要用我就没有用了"。营业员小昕将不再采取避孕措施归因于前段时间避孕套用完了,男友没有及时去买,她也没有催促男友再次去购买,"顺其自然吧,有了也很高兴"。

尽量避免怀孕

另一类同居者表示,他们还没有做好怀孕的准备,将尽量避免在今后一段时间怀孕,但如果发生了意外怀孕,大多数认为他们还是会接受这个孩子。这类流动青年同居者目前与伴侣的关系稳定,也表达了未来进入婚姻的信心。对于在同居期间怀孕,他们在态度上并不反对,当前没怀孕打算主要在于还没有做好准备。

男性普遍强调的是他们还没有做好经济准备。23岁的生产线工人阿邵就表示,"现在我的经济条件不怎么样,从学校毕业才两年多,没车、没房、没钱,(要孩子)还太早了。还有,我觉得有了孩子,你就不敢出去闯,去做什么事情,会有顾忌……至少自己多少存了点钱,父母再支持一点,有个首付,就可以考虑要孩子、结婚了"。技术工阿段和同居女友在前一年订婚了,婚期安排在后一年。问及目前的怀孕意愿,他表示与女友达成了一致的看法,"有一定的经济基础再考虑"。虽然双方父母都表达了他们会帮忙带孩子的意愿,阿段觉得"自己的小孩子还是自己带比较好",强调自己要有一定的经济基础。

相比之下,女性更多强调的是家庭方面的原因,她们把关系获得父母同意视为怀孕的重要前提条件。25岁的生产线操作工珊珊计划在接下来的五一假期带男友回家见父母。问及怀孕意愿时,她表示:"他也问过我,我就说等我父母那边同意(婚事)了再说这个问题。"美容师Kitty与男友来自不同省份,她父母不希望女儿嫁去外地,虽然没有明确反对这段恋情,但也一直劝她再考虑,因而对于怀孕她表示:"先要让父母接受吧,我也不想让他们不高兴,然后什么时候有了就有了吧,这样才是最好的。"

尽管没有到怀孕的"恰当"时机,这类同居者中的大多数人表示,万一怀孕的话会选择生下孩子,因为他们认为自己与同居伴侣迟早会结婚,足以承受"非意愿的"或"时机不对的"怀孕。技术工阿段说,如果女友怀孕了,他会觉得经济压力很大,"但我不会考虑不要的,这是一种责任感,再说我们也不小了"。美容师Kitty提供了女性视角的观点,她说,如果发现自己怀孕了,她会担心如何向父母开口,但不管怎样,她会说服父母同意婚事,然后生下孩子,"我觉得我们相互了解的时间已经很长,他对我也很好,我不可能放弃他的,而且孩子打掉的话会很伤身体,有些以后想怀都怀不上了。如果不小心有了,我们肯定会要的"。

只有少数人表示对意外怀孕的应对要视情况而定。如果怀孕时父母不知情,他们可能会选择人工流产,而如果父母知道了恋情,他们会把孩子生下来。比如,我们在前面已经了解的阿邵和小玫这对同居伴侣,当被问及如果女友意外怀孕他会如何应对时,阿邵说:"我们自己就会偷偷地把孩子做掉。除非是那种情况,被家长发现了,那就不同了。"阿邵的女友小玫表达了相似的看法:

意外怀孕的话,我们会看是什么情况吧,如果说还没有介绍给父母,这样的话,我会狠心一点,会打掉。如果介绍给父母的话,双方父母都认可,意外怀孕的话,会跟父母去商量,可以结婚,我们可以先领证,之后再办婚礼。这个年龄也好结婚了嘛。我是这样想的。

这类男女受访者的避孕行为在很大程度上印证了他们避免怀孕的想法。所有人都表示一直在采取避孕措施,不管是在自己/伴侣的安全期还是危险期。珊珊的观点很有代表性:"安全期是不准的,我周围就有安全期怀孕的,这个不可靠的。"另外,在避孕工具(通常是避孕套)快要用完时,他们通常会记得及时购买补充。当然,也还是存在一些可能导致意外怀孕的风险行为迹象——随着共同生活时间的增长,他们对待避孕的谨慎态度有变得松懈、大意的态势,如存在性行为中途才使用避孕套的情况,偶尔也会忘记使用。

不过,这类流动青年同居者未来更可能的是发生计划内的同居怀孕。已有研究表明,年轻同居者的怀孕意愿具有高度的不确定性和变动性,因为对怀孕的看法会随关系的发展状态和年龄增长而发生变化(Hayford, S. R. 2009)。在笔者的调查中,这些努力避免怀孕的流动青年男女的话语中还暗含的一种观点是,只要扫除了怀孕的阻碍因素,比如说"自己多少存了点钱""父母同意婚事了",怀孕将会是顺其自然的结果。另外,避免怀孕的男女受访者同样对初次生育的年龄规范有着高度认同,由此可以推测,一旦同居关系进展到结婚准备阶段,对生育年龄的担忧很有可能促使他们做出怀孕的决定,停止采取避孕措施。总而言之,随着同居时间的延长和关系更为稳固,这类流动青年同居者很容易由避免怀孕向计划怀孕转变。

坚决反对怀孕

在笔者的调查中,还有少数受访者对同居怀孕持明确反对的态度,表示"不会发生""坚决不会让这种事情发生的""我个人很拒绝未婚先孕"。从关系现状来看,这一类同居者与前两类并无明显差异,他们同样把对方视为未来的结婚对象,相信两人最终会进入婚姻。他们之所以态度鲜明地反对怀孕,几乎都是出于关系以外因素的考虑。同样,在论及反对的原因时,男性和女性的观点出现了明显差异。

流动青年女性拒绝同居怀孕的原因之一是来自家庭的压力,家人极力反对这段关系打消了她们近期怀孕的念头。例如,美容师 Linlin 和男友来自不同省份,她母亲得知两人恋情后,以哭闹的方式激烈反对她嫁给一个外地人,Linlin 一直试图说服母亲,但在接受访谈时还收效甚微。在解释为什么坚决反对当前怀孕时,她说:"他也这样跟我说过(先怀孕),我就说不可能的事,这是我的底线和原则。我说我们可以一起住,但是有个底线,不能奉子成婚,也不能拿孩子去要挟父母。"

还有女性则是担心未婚怀孕会导致自己在婚姻缔结过程中失去主动权,"整个很被动,女孩子就很被动"。在这些女性同居者看来,为应对婚前怀孕通常是匆忙举办婚礼,不太可能按自己的节奏和意愿来完成结婚这件人生大事,因为

"肚子越来越大,很难坚持自己的想法"。或许,令这些女性更为在意的是,怀孕后男方家庭有可能趁机在婚事商定时讨价还价。"有些男孩子家里就故意拖着,说拿不出这么多彩礼,买不起房子,反正就是各种拿捏,不答应你提的条件。"这种担忧并非没有现实社会基础,一项对冀中农村未婚先孕女性的定性研究就发现,男方家庭有可能以未婚先孕作为降低婚姻支付成本的筹码(王小璐、王义燕,2013)。

不同于女性,流动青年男性同居者反对怀孕与经济条件紧密相关。与那些希望避免怀孕的男性相一致,这些男性受访者强调自己当前缺乏经济基础,无法做负责任的父母,比如说能够让孩子随父母一起生活,接受好的教育,而不是放在老家当留守儿童。21岁的销售员阿茂非常不赞成现阶段要孩子,笔者问他原因何在,他先是举出身边一些未婚先孕的同龄朋友的事例,批评他们没有经济能力就生孩子实际上属于"不负责任",然后他说自己和这些人不一样:

因为见过很多身边那种情况,就是奉子成婚,有了孩子,就结婚了。早婚,我的感觉,是对未来不负责任的,在我的认知里面是这样的,首先没有经济能力,可以说是一无所有,只有那一腔热血,他完全不考虑以后结婚了怎么办,生活质量怎么样,生活在哪个城市,他们都不会考虑这些。但是我认为起码来说要做好准备比较好,像我们现在没什么经济能力,经济条件不好的话,孩子没办法带在身边,生下来就得丢在家里。现在我们父母那一辈的,思想是跟不上的,教育孩子也肯定不行。然后放在下一代,可能跟自己也差不多……这样是对孩子不负责任。

仅从怀孕意愿来看,希望避免怀孕和反对怀孕的两类流动青年群体是一致的,他们考虑到各种现实的阻碍因素,当前都没有怀孕的想法。但是当被问及万一发生意外怀孕将如何解决时,两类群体的态度却有着鲜明差异。对于希望避免怀孕的流动青年男女来说,即使没有达到怀孕的理想时机,稳固的关系和生育的年龄规范压力使他们中的大多数人愿意接受孩子的到来。相反,反对怀孕的流动青年男女更倾向于终止怀孕。父母强烈反对婚事的美容师Linlin说,"如果家里还没同意,不管他怎么想,反正我会打掉的";销售员阿茂也表示:"选好(结婚)日子了,那说明我经济上准备好了,有了就要,在那之前我会主张不要的。"

这样来看,这类流动青年反对未婚怀孕,显然并不是出于遵循结婚后再怀孕生育的传统社会规范。在他们看来，只要具备了结婚的条件——父母同意、婚期已定、做好了结婚的经济准备——两人随时可以进入婚姻，这种情况下发生的怀孕是可接受的，而并不是以正式婚姻作为怀孕的前提条件。

当前的避孕行为也很好地印证了这些同居者反对怀孕的态度，他们不仅坚持采取避孕措施，还十分注意防范避孕失败，尽可能地降低意外怀孕的可能性。美容师 Linlin 向说起不久前的一次经历，当时两人都喝了不少啤酒，发生性行为时没有像往常那样男友从一开始就使用避孕套。不过中途她想起来了，赶紧要他用上。那时她的月经刚过去，处于安全期。即使这样，她还是担心可能会意外怀孕，第二天去药房买了紧急避孕药，她说："要是万一呢，还是小心点好。"还有女性为防范避孕失败，在危险期会避免与男友发生性行为。男青年阿茂也暗示他非常谨慎，"我是对这一块特别敏感的，能避免尽量避免掉"。

五、同居怀孕后的应对

通常来说，未婚怀孕后有三种可能的应对：奉子成婚、堕胎和未婚生育。首先来看未婚生育，与西方社会日益明显的生育与婚姻分离的趋势不同，中国并没有发生明显的未婚（同居）生育增长（於嘉，2022）。一项利用全国性的妇女生育史回顾数据的分析研究表明，从 20 世纪 70 年代后期以来的 40 余年间，我国未婚生育的总体水平不足 9%。2010 年以来还呈现出逐年降低的趋势，2016 年未婚生育仅占当年生育总数的 4.3%（李文珍，2020）。需要指出的是，许多研究都证实，长期以来我国农村地区存在着因为未到法定结婚年龄而采取"先上车、后买票"方式的现象（宋月萍等，2012；宋丽娜，2017），实际上仅是"统计上的"未婚生育，这和西方社会的生育与婚姻分离有本质上的区别。由此来看，中国年轻男女未婚怀孕后的应对方案，基本上是把未婚生育排除在外，而是在奉子成婚与堕胎之间进行选择。王小璐、王义燕（2013）对冀中农村未婚先孕的"80 后"外出务工女性及其家庭的研究很好地证实了这一点，她们发现，筹划婚姻、重建婚姻和生育时序是女方家庭应对未婚先孕的一致选择，而婚姻筹划成功与否直接决定了是奉子成婚还是人工流产，没有人考虑过要未婚生育。

笔者调查中的流动青年同居者怀孕后的应对方式也正是如此，在奉子成婚和堕胎之间进行选择。几乎所有有怀孕经历的同居者,无论他们的怀孕是计划内还是计划外的,都和王小璐等人的未婚先孕受访者有着相似的看法,即由婚姻来组织生育的社会规范是应对未婚怀孕的基本准则。从结果来看,同居时的怀孕绝大多数是以出生结束(包括几位正在怀孕的受访者,他们的孩子在几个月后相继出生),仅少部分怀孕是终止于自然流产或人工流产。

与预期相一致,赶在孩子出生之前结婚,是最为常见的形式,也是流动青年男女受访者一致强调的首要选择。通常情况下,在发现自己/伴侣怀孕后,一旦打算把这个孩子生下来,同居双方先是告知各自的父母,随后由双方父母出面(见面或是打电话)进行婚事协商。当初以结婚为目标进入同居的文员小何,在意外怀孕后,她几乎没有任何犹豫地选择了奉子成婚,"就是想着赶快结婚,要了这个孩子"。她打电话把自己怀孕的消息和结婚打算告诉了父母,一番波折后,最终在她怀孕六个多月时进入婚姻。小梦和男友是订婚后同居的,怀孕和奉子成婚,她都认为是自然而然的结果。在第二次接受笔者的访谈时已意外怀孕两个多月的同居伴侣阿鹏和 Sari,说他们即将要奉子成婚——婚礼日期定在一个多月后的国庆假期。

当然,并非所有的孩子都是法律意义上的婚内出生。在笔者的调查研究中,孩子出生之前没有办理结婚登记的受访者不在少数。但他们的回答表明,这通常不是他们主动选择的结果。在发现自己/伴侣怀孕后,这些受访者都期望由同居进入婚姻,但是受到各种现实因素制约而偏离了"结婚—生育"的规范顺序。

首先,与许多关于流动人口群体的研究结果一致,一方或双方尚未达到法定结婚年龄是最常见的原因。不过,这些受访者都否认自己是未婚生育,声称在孩子出生前已经结婚。原来,尽管这些伴侣在孩子出生前没有登记结婚,但通常在父母操持下举办了结婚仪式,孩子出生以后(从几个月到两三年)再去"领证"。

闪电式同居伴侣阿勇和小秀就是其中一个典型的例子。两人同居不到 3 个月小秀就发现自己意外怀孕了。同居时并没有结婚念头的小秀还是决定结婚生下这个孩子,她把自己怀孕的消息告诉了在老家的父母,阿勇同样把消息告知了他父母。由于两家不在同一个县市,小秀父母也离开老家在外打工,见面不太方便,于是双方父母在电话里商谈好了彩礼、婚期等事宜。小秀怀孕 5 个月左右时,两人在阿勇老家举行了婚礼。但是,当时阿勇年仅 21 岁,还不到法定结婚年龄,两人并未"领证"。直到调查前几个月,两人才办理了结婚登记,成为法律上的夫妻。

类似地,电商阿翔有一个 3 个多月大的孩子,早在孩子出生前他们就回老家举办了盛大的婚礼,但 21 岁的他还不到办理结婚证的年龄,因而,在接受访谈时他还笑称自己"未婚"。在调查中,这些人都强调办理结婚登记只不过是一个形式,是时间早晚的问题,并不影响他们对自己已婚身份的认同。

其次,外部因素也可能让一桩原本计划好的奉子成婚演变为生育后结婚。这一点是以往研究中没有提到的。23 岁的生产线工人阿兴是一个 4 个月大婴儿的父亲,访谈刚开始,他笑着告诉笔者,要是我迟一天来厂里,就遇不上他了。笔者好奇地追问原因,得知原来他已经跟厂里请好假,明天他们一家三口要回老家,在即将到来的五一假期"办酒"。想到他前面提及过孩子出生不久,我以为回家"办酒"是为孩子办"百日宴"。但笔者的这一猜想被他否定了,他说是合着一起办他们的结婚酒和孩子的百日酒。他解释说:

本来年前是打算没有生之前结婚,后来两边家庭都出了点事情要忙,那时候是过年,每天都有事情要忙,我这边厂里也不好提前请太长的假。后来想着孩子满 100 天,就顺带着回去一起办了,正好亲戚朋友来一次就好了,现在一般都到外面去了,来来回回的没那么多时间。这样一说她们家也同意了。(你们结婚证领了吗?)这次回去一起领,还要给孩子上户口。五一本来就有五天假嘛,我又多请了几天,这些事情一起办好。

笔者的调查还表明,在城市化和人口迁移流动的社会背景下,受外部因素影响而导致的生育后结婚在今后可能有增长趋势。对流动青年同居者而言,在从发现怀孕到孩子生下来之前的几个月,要完成婚事获得父母同意、双方父母就彩礼金额达成一致、男方家庭准备好婚房以及安排婚礼宴请等一系列步骤,具有非常大的不确定性,有很多现实因素使得在孩子出生前结婚变得"说不准"。

比如,同样外出打工或是经商做小买卖的父母有可能没办法立即请假或是放下手中的活计,返回老家操持婚事的各项准备工作;双方父母可能在彩礼金额和给付,要不要在城市买婚房,以及婚房买在男方还是女方家所在的城市等,一直"拉锯战"到孕晚期;或许赶上了男方所在工厂处于订单旺季而请不到多余假期(尤其是如果男方还是一个小主管之类的,更是难以请到稍长一点的假期);甚至只是为了让流动到全国各地打工的亲戚有时间来"喝喜酒",仅在过年前后的几天时间里才适合办婚宴,而此时有可能孩子早已出生。在这些情况下,孩子出生后再找合适的时间结婚,成为一种可接受的权宜之计。正如接受访谈时女儿已3岁多,当初也是孩子出生后才回老家举办婚礼的阿金所说:"同事啊,亲戚啊,都有这种情况,毕竟在外面要回去办酒,时间上说不准的,早一点晚一点没关系。"

尽管由于未到法定结婚年龄,或是受外部因素的影响,这类流动青年同居伴侣没有赶在孩子出生前建立正式的婚姻关系,一旦限制条件消失后,他们都尽快地把"事实婚姻"转变为"正式婚姻"。在这个意义上,我们很难把这类同居者定义为未婚生育或者非婚生育。不过,笔者调查中也访谈到了几位可以归类为真正的未婚生育者,他们在同居关系中生育后,最终走向了分手。

26岁的生产线工人阿超有一个6岁的女儿,前同居女友在女儿3岁时离开不知去向。对于当初的未婚生育,阿超表示,当时他和前女友决定把意外怀上的孩子生下来时就计划先在老家举办婚礼,等过两年到年龄了再去办理结婚登记。他的父母听到他要结婚生子的消息非常高兴,立即准备操办结婚事宜。然而,这桩婚事在前女友父母那边却遭到强烈反对,无论是孩子出生前还是出生后,女方父母始终不答应这门婚事,也拒绝见阿超和他父母,并扬言只要前女友还与他在一起,就不认这个女儿。于是,直到后来关系恶化,前女友最终离开他和女儿,两人都没有举办过婚礼。不难看出,这样的未婚生育行为同样不是一种主动的选择。

导诊员小洁向笔者说起,近年来,她老家发生了好几桩年轻男女在外面恋爱、同居,怀孕后把孩子生下来,有办了结婚宴的,也有没办结婚宴的,但都没有办理结婚登记,后来因为关系不好而分开,这些孩子也成为未婚生育的孩子。她还向笔者详细讲述了最近发生的一个案例:

我一个从小一起玩的,长大了就疏远了的那种朋友,去年过年,她家里就闹得很厉害。她自己找了个外县的男生,她爸妈一直不同意,后来她怀孕了,在男方家里把孩子生下来了,没有领结婚证。后来那个男的出轨,又找了一个他们自己本地的,她就很生气,就把儿子带回家了。男方就找到她家里,要把孩子带走。当时就闹得很厉害,有很多人看,她男朋友要把孩子带走,她不愿意,就撞墙。她爸妈就很想让这个男的把孩子带走。后来还是把孩子带走了,她就在家里待了一年,她姐姐又给她介绍了一个,现在结婚了,听说孩子都快要生了。

另外一类受访者——仅占怀孕样本的很少部分——选择了以堕胎来应对。这些人当中有些是在确认怀孕后就不打算要这个孩子,也有人一开始准备奉子成婚但后来又改变了主意。这些最终选择堕胎的流动青年同居者,不管他们的初衷如何,有一点非常明确,即婚姻同样是他们决策的关键参考点。比如,一些人表示当初是意外怀孕,虽然早已把对方视作未来结婚对象,但婚姻所必需的其他条件在怀孕之时尚不具备,故而选择了堕胎。第二章提到过的饰品店店员小莉在17岁时有过一次意外怀孕,同居男友和他父母都希望她把孩子生下来,但小莉没有同意。她说:

他爸妈的意思是留着,因为他爸妈也是老来得子吧,就希望早点有孙子,他就挺犹豫的。但是我的想法是,我不可能要这孩子,自己心里特别清楚,我自己还小,不可能就结婚,还有我在没有经济能力之前绝对不可能要孩子。他后来也被我说服了。

28岁的生产线工人阿志是在女友独自去做完流产手术之后,才偶然得知女友怀孕了。"她有了,打掉了之后才跟我说的……我洗衣服,看到她衣服里的报告单,问她之后才知道的。"阿志的女友之所以不和他商量就自己决定堕胎,原因非常简单,当时他们缺乏结婚必要的经济条件——"我当时问过她为什么不告诉我,她说现在也买不起房结婚,不可能要这个孩子。"

小莉和阿志女友是从一开始就没考虑过要把孩子生下来,足浴按摩师小霞则是另外一种情形,她最初是计划奉子成婚,只是结婚前夕与男方的关系出现了问题,因而放弃结婚并堕胎。小霞的怀孕发生在定亲之后,属于前面所说的"有计划"的同居怀孕。双方家庭知道怀孕消息后都很高兴,加快了婚事筹备的进度,想要在她怀孕的头几个月里办了"结婚酒"。然而,在婚礼举行前夕,小霞偶然发现了前男友有出轨行为。一番思考之后,小霞选择了分手并堕胎。她说:"我们感情已经不好了,我容忍不了那样的人,我就把孩子打掉了。"

未婚怀孕现象在我国正在上升,而且随着年轻人未婚同居行为日益普遍,这些怀孕越来越多地发生在共同生活在一起的同居伴侣之中。同居期间的怀孕究竟是性行为的意外后果,还是可能意味着年轻人关于婚姻与生育的规范和行为的变化? 对有和可能有未婚怀孕经历的流动青年同居者的怀孕意愿、避孕行为和怀孕后应对的考察分析表明,同居确实在很大程度上增加了流动青年女性"非意愿"怀孕的风险。大多数经历了同居怀孕(自己/伴侣)的男女受访者当初并没有怀孕的打算,这些意外怀孕通常是由于避孕时的疏忽大意(如偶尔忘记、中途使用)和依赖有效程度低的避孕方式(如"避孕套+安全期"、体外排精等)导致的,只有少数是因为缺乏避孕意识和知识。

笔者的研究中一个新的发现是,未婚怀孕的增长部分要归因于同居伴侣"计划内"怀孕的增长。首先,同居的关系特征和发展阶段与怀孕意愿紧密相连,在有结婚承诺(如定亲、订婚)的情况下进入同居,或是关系发展到"下一步"向婚姻过渡的流动青年同居者(尤其是男性),往往会认为他们到了适合怀孕的阶段,故而不(再)采取避孕措施,怀孕成为结婚准备过程的一部分。可以说,在年轻的流动人口群体中,一种同居、怀孕和结婚的联合决策模式正在形成。其次,流动青年同居者的怀孕意愿往往还受到家庭期待的推动,有计划内怀孕经历或意愿的男女受访者都提到双方父母催促他们尽早怀孕。更为关键的一点是,男方父母对同居女性的怀孕期待,还反映了婚前性行为增多和人口流动背景下男方家庭实现生育目标的一种策略性应对,为检验流动青年女性的生育能力,怀孕还有可能是结婚前必要的一步。再次,与生育有关的年龄规范压力也可能增强年龄较大同居者"计划内"怀孕的意愿,当同居关系进展到结婚准备阶段,对生育年龄的担忧会推动他们做出怀孕的决定。

此外,同居怀孕后,无论是计划内的还是计划外的,流动青年男女通常是在奉子成婚和人工流产之间进行抉择:要么是在孩子出生前结婚,把婚前怀孕"合法化"为婚内生育,要么是不打算结婚或是没有可能结婚,因而选择人工流产,没有人打算在同居关系或非婚姻关系中生育和养育孩子。然而,实际结果与预期并不总是一致,一些现实原因导致部分同居伴侣在没有正式婚姻的情况下把孩子生下来。最为常见的原因是没有达到法定结婚年龄,因此采取"先上车,后补票"的方式,在孩子出生后(从几个月到两三年)"补办"结婚登记。此外,对流动青年而言,要赶在孩子生下来之前从工作地返回老家结婚,有时是一件不容易做到的事情,例如,同样在外打工的父母一时难以回老家筹备婚事,双方父母在婚事磋商上迟迟不能达成一致,有时甚至是男性伴侣没有足够长的假期,这些情形往往导致在孩子出生后一并举办婚宴和满月宴/百日宴。

总之,结婚仍然是生儿育女的先决条件,但新的实践和观念已经出现,如怀孕可以提前到婚前准备阶段,而不必是结婚之后,"奉子成婚"背负的污名远远低于过去;因各种现实因素影响,孩子出生后再结婚也变得可接受。然而,这些变化并未大到生育与婚姻脱离的程度,没有从根本上改变婚姻作为合法生育的唯一制度环境的逻辑。

第六章　结束同居：结婚与分手

笔者调查中的流动青年或许是抱着不同的动机从约会进入同居，但他们一个共同之处是，所有人都将同居看作关系发展的一个阶段，而非一种长期选择。不仅笔者的受访者自己，他们的同居伴侣、父母家人以及亲戚邻里也是如此来看待的。比如，阿德说动了女友从异地过来投奔他，但两人在一起之后不久，女友就时不时追问他何时与她结婚。美容师小凤的父母说，如果到年底前男方家里还是拖着不买婚房，就让她回老家去相亲，没必要这样一直耗下去。美容师Linlin才20岁出头，她自己并不着急由同居进入婚姻，但她的婚事还是在商议之中了，一是男友希望早日结婚，二是如果还不考虑结婚，男友父母担心自己的儿子被骗，无独有偶，她老家的亲戚、邻居也有相似的看法。从实际情况来看，绝大多数人的同居持续时间并不长，在随后的几年里，不是进入婚姻就是以分手而告结束。

事实上，即使是在同居兴起时间更早和普遍化程度更高的西方发达国家，同居也更多地被认为仅仅是"住在一起"，是婚姻过程中的一个阶段(Perelli-Harris B. et al. 2014)。随着同居时间的增长，同居者经常会面临结婚的社会压力。例如，英国的同居伴侣会遭遇来自家人、朋友甚至是同事的询问，他们将何时举行婚礼(Berrington, A., Perelli-Harris, B. & Trevena, P. 2015)。在德国，婚姻在家庭体系中仍然是一个核心要素，同居者结婚的社会压力很大，许多将同居视为婚姻替代品的同居者还是屈从于社会压力而走向了婚姻(Hiekel, N., Liefbroer, A. C. & Poortman, A. R. 2015)。即便是在北欧，来自父母、家人和朋友的期望会影响同居者决定是否结婚(Wiik, K. A., Bernhardt, E. & Noack, T. 2010)。

这一章将展现流动青年同居者的关系如何发展，即从同居走向婚姻或分手的过程。笔者将首先梳理和评述同居结果的变动趋势及影响因素。接下来描述流动青年在同居之前和同居之后对关系未来发展计划的讨论,同居的持续时间以及向结婚和分手转变的两类同居群体在持续时间上的差异。最后探讨影响流动青年同居结果走向的关键性因素。

一、研究回顾:同居关系的转变及影响因素

对于为何一些同居者走向婚姻,而另一些人则以分手结束,西方文献中大多假定了一种理性选择的婚姻模型,强调结婚或分手的经济基础。关于婚姻形成的经典经济学观点认为,个人通过寻找一个预期效用水平最高的伴侣来实现婚姻效用的最大化,由于传统上男性更多从事有酬工作,而女性更多承担家务劳动,因此,男性的经济状况对结婚有着更为重要的影响(Becker, G. S. 1981)。即使在今天越来越多的年轻女性不再扮演传统的家庭主妇角色,同样从事有酬工作,但男性是养家主力的社会规范并未动摇,男性的经济特征仍然是婚姻形成的关键(Cherlin, A. J. 2020)。

这种婚姻的经济模型也适用于同居男女,广泛的实证研究表明,同居者结婚与男性伴侣的经济资源有着密切关系,而女性的经济状况对结婚结果几乎不具有独立影响。男性的高收入和高教育水平不仅促进了婚姻的发生,也会使从同居到婚姻的转变更快(Sassler, S. & Lichter, D. T. 2020)。除了衡量男性经济状况的传统指标(教育和收入水平),近年来,一些研究还发现其他一些经济指标,如是否拥有房产、是否有个人存款、不依赖福利救济等,也与同居者的结婚决定直接相关(Ishizuka, P. 2018)。针对同居群体的定性研究阐释了同居伴侣因为经济问题所产生的各种冲突和压力,以及其对是否结婚的影响。比如,同居男性和女性都倾向于将男性的经济条件与是否结婚、何时结婚相联系(Sassler, S. & Lichter, D. T. 2020);经济拮据往往引发感情冲突,进而影响到关系质量和稳定性(Smock, P. J., Manning, W. D. & Porter, M. 2005);同居生育的女性会因为怀疑男性伴侣的养家能力而不愿意向婚姻转变(Gibson-Davis, C. 2009)。

虽然社会经济因素和进入婚姻之间有很强的关联,但在现代社会,爱情被认

为是婚姻的基础,是人们决定是否结婚的重要原因(库茨,2009)。英国社会学家安东尼·吉登斯(Anthony Giddens)在 1992 年出版的著作《亲密关系的变革:现代社会中的性、爱和爱欲》(*The Transformation of Intimacy: Sexuality, Love, and Eroticism in Modern Societies*)中指出,随着私人生活的日益个体化和去传统化,现代婚姻越来越转变为一种只有在双方都对其提供的亲密情感和爱感到满意后才会建立并维持的关系。20 世纪末开始传播的"完美配偶"——集灵魂伴侣、情感陪伴和工具性支持于一身——的文化理想,更进一步推动了亲密关系的情感化和心理化倾向,抬高了年轻人对高质量伴侣关系的期待(Finkel,E. J. et al. 2015)。爱情重要性的增长和个体化进程的推进都意味着关系质量是同居结果最直接、关键的影响因素。对关系的投入不高、分歧和冲突较多、彼此之间的信任和忠诚度较低,都会增加同居分手的可能性(Brown, S. L. 2000;Lichter, D. et al. 2006)。相应地,那些对当前关系感到满意、认为对方是好伴侣的同居者,之后更有可能把这段关系发展至婚姻(Moors, G. & Bernhardt, E. 2009)。

不过,关系质量对同居结果的影响程度与人们所处社会的个体化程度有关。在个体主义文化盛行的社会,自我选择更为重要,同居者对关系质量的评估对随后的婚姻发生有更强的解释力(Brown, S. L. 2000)。但在家庭纽带依然较为牢固的社会,父母持续参与到成年子女的择偶、成家等个人重大事件的决策中,并保持着相当大的控制权,如果一段恋情遭遇家人反对,即使两人情投意合,可能最终也难以走向婚姻(Allendorf, K. 2013)。

让研究人员更感兴趣的一个问题是,在当今社会整体的个体化水平提升的年轻同居者中,究竟是"爱情"还是"金钱"是衡量同居者结婚意愿最重要的因素呢?挪威学者肯尼斯·A. 维克(Kenneth A. Wiik)和他的同事对此进行了探究,他们把经济视角和关系质量视角综合到一个分析框架,利用瑞典和挪威 25—35 岁同居者的调查数据,只是部分证实了"爱情"是比"金钱"更重要的预测年轻同居者婚姻计划的因素。换句话说,即使在被认为个体化水平最高的北欧年轻同居者中,社会经济变量和结婚意愿之间仍然存在着强烈的正相关性。因此,他们最后得出的一个结论是,即使在今天北欧的年轻同居者中,仍然是受过高等教育的同居者计划结婚,这表明尽管个体化程度在提高,但同居关系并不像安东尼·吉登斯所说的是一种"纯关系",社会经济不平等在亲密关系领域的影响依然明显(Wiik, K. A., Bernhardt, E. & Noack, T. 2010)。

除了经济和情感因素,同居关系本身的一些特征也可能对同居结果产生影响。一是同居伴侣的异质性。"异质假说"是解释离婚风险的一个重要理论视角,双方在年龄、受教育程度、宗教信仰等人口和社会经济特征上差异比较大,或是个性、兴趣爱好、价值观念等内在不相容的婚姻通常有更高的离婚风险(徐安琪,2012)。毫不意外,在同居伴侣中,异质性伴侣也更容易被"淘汰",在年龄、教育、宗教信仰方面异质的同居伴侣比同质伴侣有更高的分手风险(Brines, T. & Joyner, K. 1999; Goldstein, J. R. & Harknett, K. 2006)。与过去相比,这种"淘汰"过程在新近的年轻同居者中有加速的趋势(Sassler, S. & Lichter, D. T. 2020)。近年来的研究结果还表明,尽管跨种族/民族、跨国通婚比例有所上升,但在同居伴侣中,种族/民族和国籍方面的异质性仍然是预测分手结果的有力因素,这主要是因为异质性增加了同居伴侣之间的社会差异,这不仅容易招致家庭、朋友和更广泛的社交网络的反对,也往往成为伴侣之间分歧和冲突的来源(Lichter, D. et al. 2020)。二是同居关系中的怀孕。正如第五章所表明的,在过去几十年里,同居中的生育率在欧美等国家大幅上升,同居似乎越来越多地接替了传统上为婚姻保留的生育功能,这也是第二次人口转变理论认为同居成为婚姻替代形式的关键特征(Kiernan, K. 2001)。然而,大量的实证研究表明,把生育与婚姻联系在一起的社会文化准则仍然发挥着重要作用,准备怀孕要孩子或已经有孩子一直是同居者决定结婚的重要驱动力。20世纪80年代和90年代初,一些欧洲国家的调查结果显示,将同居转变为婚姻的决定与准备生孩子有关:超过3/4的法国同居者表示,他们会为了孩子而结婚;37%的婚前同居的荷兰女性声称她们结婚是因为孩子;在瑞典,怀孕的同居者比没有怀孕的同居者更有可能结婚(Manning, W. D. 1993)。20年过后,也即2010年前后,经验研究的结果表明,怀孕仍然会推动同居伴侣走向婚姻——"奉子成婚"或是在孩子出生之后。例如,一项对美国和西欧国家的比较研究显示,总体来看,在同居关系中发生初育行为的女性,向婚姻的转变缓慢但稳定:10%的女性在孩子出生一年内嫁给了孩子父亲,44%在5年内结婚,63%在10年内结婚(Musick, K. & Michelmore, K. 2018)。

当然,随着时间的推移,情况还是发生了一些明显变化。现如今怀孕对同居向婚姻转变的推动作用主要发生在那些受过大学教育、收入水平较高及年龄较大的同居群体中(Kennedy, S. & Bumpass, L. L. 2008; Haragus, M.

2015)。在年轻、没有受过高等教育、经济条件较差的同居人群中,来自美国和欧洲大部分国家的研究显示,怀孕和生育很少对他们的结婚决定有影响。而且,养育孩子过程中产生的经济压力、育儿冲突还可能是这些处境不利的同居伴侣分手的导火索(Reed, J. M. 2006)。相比之下,在东欧国家,怀孕始终是同居伴侣向婚姻转化的压力因素,尽管随着时间推移,同居者"奉子成婚"的比例有所降低,且结婚时间由怀孕早期推迟到怀孕中晚期,甚至是孩子出生之后(Hârâguç, M. 2015)。

此外,伴侣双方对关系的预期规划不一致也可能增加分手的风险。如果同居伴侣对是否要结婚或对结婚时机的看法方面存在分歧,容易降低对关系的信任和投入,最终分手的可能性也由此大为增加(Sassler, S. & Miller, A. 2011a)。有研究对同居双方报告的结婚意愿进行分析,发现只有不到1/3的同居伴侣一致认为他们有明确的结婚计划,毫不意外的是,那些在婚姻计划上有分歧的同居伴侣在以后进入婚姻的概率较低(Sassler, S. & McNally, J. 2003)。

总而言之,随着未婚同居的扩散和普遍化,从20世纪80年代中后期起西方研究人员就开始关注同居的持续时间、结束同居的方式,以及促使同居走向婚姻或是分手的关键性因素,相关的研究证据从北欧、西欧拓展到欧洲其他国家,以及北美和拉丁美洲。

在中国,由于未婚同居的发展相对较晚,更大程度上是由于数据缺乏的限制,对于中国青年的未婚同居是否会走向婚姻,何时会走向婚姻,在什么样的条件下会走向婚姻,目前尚无定量研究进行评估。为数不多的几项定性研究聚焦年轻人"为什么同居",也未进一步考察这些同居的结果走向及影响因素(赵璐,2018;于志强,2019)。上述西方文献揭示的多元因素有助于解释我国新生代流动青年同居者向婚姻或分手的转变。不过,由于同居结果还通常取决于同居者所处的社会和文化背景,对于流动青年同居者的关系发展轨迹,上述因素影响的程度和方向可能会有所不同。

二、同居前后的结婚计划

尽管从约会进展到同居的速度快慢不一,绝大多数流动青年同居者是抱着要与对方结婚的信念和意图而搬到一起住的。那么,这些人在同居之前就认真地讨论过未来结婚的问题吗?答案是否定的。事实上,除了同居之前有正式或非正式婚约,其余"奔着结婚去的"同居者很少会在同居前就与对方认真地讨论与结婚有关的事情。

可以说,大多数有结婚意图的流动青年同居者在同居前不急于讨论关系的长远目标和计划,原因各有不同。在闪电式同居者看来,这主要在于,他们相识的时间还不够长,关系还没有进展到直接讨论结婚的地步。比如,阿闻与妻子通过某软件相识,之后不到两个月,两人就住在了一起。对于为何同居前没有讨论过未来的计划,他解释说:"不可能这么快就说结婚的事,毕竟认识也没多久。"不过,虽然从约会到同居进展节奏太快,同居之前提结婚的话题显得为时过早,但阿闻确信双方都是有结婚念头才决定同居的,"我有这个想法,她肯定也是有同样想法才答应的"。

对很多流动青年女性而言,无论她们是闪电式同居者还是谨慎型同居者,在同居之前回避提起结婚话题,很大程度上受到了在亲密关系中男性应该主动、女性应该被动等待的传统性别规范的影响,她们认为"这种事情女孩子不好主动开口"。营业员玲玲的看法在流动青年女性中极具代表性。她是一个谨慎型同居者,当初是经过大半年的交往和考察,确认男友是一个合适的结婚对象才答应搬到一起住。当被问及是否在同居之前谈过未来的计划时,她表示没有,因为"当时他没有主动提,我一个女孩子,也不好意思去说啥时候办婚礼之类的话题,不然显得嫁不出去、没人要一样。但是我知道他是诚心想跟我谈,我们都很清楚是往结婚的方向走"。

另外一些流动青年同居者回避讨论与结婚相关的话题,与他们进入同居时年龄小有关。虽然把对方看作未来的结婚对象,但他们并不急于结婚,因而认为没有必要过早地讨论。21岁的阿茂和女友小宁(20岁)正在同居,两人都强调说现在还年轻,不急于商量结婚的事情。阿茂说:"我目前还没什么基础,年龄也还算小吧,她比我更加不成熟,起码这两三年吧,都不太可能结婚,所以对我们来说没什么好讨论的。"女友小宁也强调了这一点。她父母希望她晚一点找男朋友,为了避免父母的责怪和追问,她隐瞒了自己在外恋爱同居的事情。在她眼中,结婚计划在同居之前并不是一个"必要"的话题。

我们可能在刚谈的时候也说过以后怎样、怎样之类的话,但都是很随意地说,不是那种正式的,像谈婚论嫁那样具体地说这些。我们都不着急。我爸妈不愿意我太早交男朋友,我们家结婚普遍都比较晚,我亲哥、堂哥、堂姐他们,一般都是在二十五六岁结婚。我现在刚20岁,离结婚还早,就不可能去想那么远的事情,没有那个必要嘛。

当然,这其中也有例外。那些受外部因素限制而推迟进入同居的伴侣,由于从约会到同居的进程缓慢,有更长的时间来增进了解和确认对方是否为合适的结婚对象,也有充足的时间来谈论今后的结婚计划。比如推迟型同居者小露,在同居之前长达六年多的恋爱交往期间,两人对于关系的未来有过多次正式和非正式的讨论和闲聊——何时把恋情告诉父母,何时把对方带回家正式见父母,父母反对恋情如何说服他们,何时举办婚礼以及办个什么样式的婚礼,等等。从事金融服务的阿学17岁时认识了现在的妻子,异地网恋3年多的时间里,感情不断升温,两人在交流中开始不时地规划未来的关系发展路径,如两人商量好先是结束异地恋,阿学前往她工作所在的城市,一起奋斗几年,有一定经济基础之后再举办婚礼。

尽管出于各种原因,大多数有结婚意愿的流动青年同居者在同居之前并不会讨论有关结婚的计划,但进入同居之后,情况很快发生变化。结婚的话题经常被提起,而且是以一种相当认真的方式。一般而言,在同居后的半年内,无论是打算尽快结婚,还是等一两年甚至几年后再结婚,两人都会开始讨论诸如要不要让家人知晓恋情,何时带对方回老家见父母,何时定亲、结婚之类的话题。

为什么这些"90后"流动青年在同居半年之内就会希望把关系"正式化",讨论未来的结婚计划呢?关系发展顺利、(意外)怀孕、到了该结婚的年龄、家庭压力或是有一方希望获得正式承诺,这些都可能是促使流动青年同居男女共同生活后不久就认真讨论他们关系未来走向的重要因素。

不少人把原因归结为关系发展顺利,同居使原本相互中意的两人更为了解,亲密度进一步加深,有关未来打算的话题自然而然地出现在日常交流中。比如,出于同居之前女孩子不好意思先提及结婚话题的营业员玲玲表示,共同生活在一起后,两人感情更为亲密,她很自然地与对方一起规划两人的未来,"住一起之后就更亲一些了嘛,不会像光谈恋爱的时候想那么多。两人在一起都感觉很好,肯定就会时不时地说起以后要怎样这些话题"。一些同居伴侣讨论的未来结婚计划是非常具体的，比如，向家人公开恋情，春节一起回家见父母，让男方父母找媒人上女方家提亲（那些来自同一个县的同居伴侣）。另外一些伴侣则只是对未来有了一种初步设想，"基本上是两年后再考虑结婚的事"。"我俩说好了，先学好各自的东西，有一定的社会经验，也有一定的阅历之后，再说下一步。"

第五章提到，为数不少的同居受访者由于避孕失败或是缺乏避孕知识，同居后不久就发生了意外怀孕。不管同居前有没有结婚意愿，是不是打算把孩子生下来，结婚话题都立即摆在了这些同居伴侣的面前。比如，同居前没有想过要结婚的闪电式同居者小秀，同居不到3个月就发现自己怀孕了。由于担心堕胎会伤害到自己的身体，她没怎么犹豫就决定与男友阿勇赶快结婚，把孩子生下来。与小秀一样，同居时还不到16岁的商场营业员小莉当初也不是以结婚为目标进入同居。一年多之后，小莉有过一次意外怀孕，不过，与小秀不同的是，小莉选择不要这个孩子。尽管如此，围绕要不要把孩子生下来，两人认真地讨论了结婚的话题，"他的意思是既然有了，那就结婚把孩子生下来，但我是坚决不同意这么早结婚的"。

一些男性同居者强调，自己到了该结婚成家的年龄，同居之后的下一步自然是把结婚提上日程。例如，同居时22岁的阿宏，不到两个月就开始与前女友商量回老家见父母，他解释说，"我年龄不算小了，拖下去也不好"。对于进入同居时已23岁的阿根来说，老家有大他几岁的男青年，由于同居后没急着商谈婚事，分手后错过了年龄，导致后面成家困难，这些前车之鉴让他充满紧迫感，同居不久就与女友商量结婚。有意思的是，在笔者的调查中，几乎没有女性受访者提及这个原因。这一点与欧美社会的研究结果恰好相反，在西方社会的同居年轻男女中，通常是男性比女性更少感受到结婚的时间压力（Reneflot，A. 2006）。

来自家庭的压力往往也会推动流动青年同居男女尽快讨论结婚的计划，无论他们自己是不是希望在当时迈向这一步。一些流动青年同居者或是为了应付家人的催婚或者相亲要求，而把恋情告知了家人，或是家人从微信朋友圈、视频聊天中察觉到了恋情。大多数情况下，一旦家人知晓，要么是催促尽早结婚，要么至少是先定亲，遵照社会习俗把同居关系纳入"正式"轨道。

25岁的房产中介员阿龙从同居进入初婚已有大半年，他与妻子Anna来自同一个县,两人都来到长沙工作,与朋友外出游玩时相识相恋,很快开始了同居生活。阿龙表示,同居时他才22岁,再加上恋爱时间还不长,他原本计划的是,两人先相处一两年,然后再和家里商量结婚的事情。然而,同居还不到一个月,在一次从老家返回长沙,两人在县城车站碰头一起搭车时,遇到了Anna的姨妈,随即Anna的父母知晓了两人的恋情。于是,在她父母的要求下,阿龙先是去了她家,然后又带她回他自己家。双方父母都对这段恋情表示了认可,随后为两人举办了定亲仪式。Anna说,她也没有想过这么早就走到带回家见父母这一步。在她的设想中,先与阿龙在外过上一段自在的、没有家人干扰的恋爱生活,然后再说"下一步"。可是,恋情被姨妈撞见后,她不得不放弃自己的打算而听从父母的意见,"我父母催着定亲,他们的意思是,既然两边都见过了,都觉得还不错,至少先要定亲,把关系正式定下来,这样两边也好走动,结婚可以不急,可以后面慢慢再说"。

阿德的经历更具有戏剧性。前面已经提到,他进入同居生活时相当年轻,还不到19岁。他一开始的设想是趁年轻多玩几年,过了25岁以后再结婚。但是,女友父母让女儿去相亲的举动迫使他早早地就把这段关系纳入"正式"轨道。

笔者:前面你说2014年上半年让她过来跟你在一起的时候,因为年龄还小,并没有结婚的想法,刚才你又说2014年底的时候你们就定亲了,这期间发生了什么比较大的事情吗?让你这么快就改变了想法。

阿德:因为她爸妈带着她去相亲了。年底了,她那时没上班,比我早回去了,我是二十九才回到老家,她朋友跟我说,她上午相亲去了,下午我就过去她家提亲了。

笔者:你们前面两个人谈恋爱在一起,她家里是不知道的?

阿德:知道在谈,不知道我们同居了而已。

笔者:既然知道了她谈恋爱有男朋友,怎么还要她去相亲呢?

阿德:所以后面搞得我非常冲动,我就去定亲了嘛。她爸妈的意思是,人也没有见过,也不知道长什么样。我们那里是觉得女孩子要早点嫁,过年了大家都回来了,方便相亲见面。

笔者:你着急了是吗?

阿德:对,当时脑袋有点热,一冲动,我就带着自己存的钱,那时候没有多少钱,1万多块钱吧,买了鞭炮,买了东西,去她家,把鞭炮一放,钱一放,我就说,阿姨,我今天过来订个亲,不够的话以后再补,带了人就走。

笔者:啊? 这样就算定亲啦,她父母是什么态度?

阿德:她父母对我还算满意吧,后面又让我爸妈、我叔他们带着我去他们家,放点钱,就是订婚的钱嘛,这样才算是正式定下来了。

西方不少研究发现,同居伴侣对于未来关系发展节奏的看法常常是不同步的。随着同居时间的推移,一方可能希望关系更进一步,有更多的承诺,如一场订婚仪式,或是认真地商议未来婚姻计划的"时间表",而另一方可能还没有准备好这样做(Sassler, S. 2004;Sassler, S. & Miller, A. J. 2011a)。在笔者访谈的流动青年同居者中,同居双方对关系进展目标不一致的情形也很常见,即进入同居后,其中有一方迫切希望谈论"未来",期盼获得一份正式承诺。例如,在阿德还没有结婚念头的时候,女友却是期望获得他对这段关系的一种明确承诺,"她那时候经常问,你要跟我结婚吗?"20岁的美容师Linlin两年前抱着以结婚为目的的念头与男友同居,但与此同时,她也认为自己年龄还小,不急于把婚姻提上日程。不过,年龄比大她5岁的男友在同居后一直试图说服她先把婚事定下来。

对美国年轻同居者的研究发现,相较于因为住房需求、经济考虑、便利等现实因素而进入同居,那些受关系发展驱动的同居者,会更快地正式讨论未来的结婚计划,而且他们的结婚计划也更为具体、明确(Sassler, S. & Miller, A. J. 2011b)。在笔者的调查中,几乎没有发现同居之后讨论结婚话题的速度与同居原因之间有关联。对流动青年同居者来说,不管出于什么原因进入同居,结婚就是接下来一个绕不开的话题。不过,在推动因素上,那些为了"进一步发展关系"的同居者更多是基于关系发展顺利、到了该结婚的年龄等因素与伴侣商量未来结婚计划。相比之下,因为相爱而同居的流动青年,比如阿德、阿勇与小秀,更多是受意外怀孕、家庭因素等外部原因推动而开始商谈婚事的。

三、同居持续时间

随着同居成为一种普遍的生活经历,同居的持续时间也在增加。例如,在

2011—2015年初次进入同居关系的美国年轻人中,大约一半人的同居持续了两年多,比20世纪70年代末80年代初所有年龄段的同居持续时间长了约8个月(Manning, W. D. 2020);同居持续至少5年的比例,从22%上升到了42%(Lamidi, E. O., Manning, W. D. & Brown, S. L. 2019)。欧洲国家的情况更是如此,根据对2002—2009年进行的"世代和性别调查"(the Generations and Gender Surveys, GGS)数据的分析,在18—45岁的已婚者中,婚前同居的时间在西欧的奥地利和法国平均约为34个月,德国约为22个月;中欧和东欧国家已婚者的婚前同居持续时间相对较短,大多数人在同居一年内结婚(Žilinčiková, Z. & Hiekel, N. 2018)。

关于中国年轻人同居的持续时间,目前只看到一项实证研究对此进行了估计。於嘉和谢宇(2017)利用中国家庭追踪调查数据,分析了2014年之前初婚人群的婚前同居时间。研究表明,初婚者的婚前同居持续时间并不是很长,男性与女性的平均时间分别为10.9个月与10.5个月。不过,这项研究没有区分和比较不同出生年代、不同初婚年代的婚前同居持续时间的变动,因而我们尚不清楚中国是否出现了与西方社会相似的趋势,即与更早的初婚群体相比,最近的初婚群体的婚前同居持续时间是否在延长。

在笔者的调查中,许多同居受访者在初次访谈时就已经结束了同居——进入初婚或是分手,也有一部分正处在同居关系中,笔者对他们进行了追踪访问,直至同居结束。为了便于和於嘉与谢宇(2017)的研究结果进行比较,下面对同居持续时间的讨论将把同居后进入初婚和同居后分手两类人群分开。

在从同居过渡到初婚的受访者中,超过1/3的人在同居一年内与对方结婚,同居第二年时,将近2/3的人步入婚姻,到同居进入第三年时,结婚者超过了九成。换言之,大多数流动青年在进入同居后的一两年内就会向婚姻转化。与於嘉和谢宇对不同初婚年龄群体估算出的不到11个月的婚前同居时间相比,"90后"流动青年的婚前同居在持续时间上似乎有所增加。但是,相较于欧美年轻人,中国年轻一代流动青年群体的同居持续时间仍处于较短的水平。

为何大多数人从同居向婚姻的转化发生在同居后的一两年内?美容师Linlin的回答在流动青年同居者中极具代表性。她说:"我们谈了有一两年了,也该结婚了。而且在我们那边,如果两人谈了一两年还不考虑结婚的话,别人会认为该不是被骗了吧,或者是对方有什么问题。"这番话非常明显地体现了同居作为婚姻前奏的地位和意义。一是在年轻同居者眼中，一两年的共同生活足以充分了解对方，评估对方是不是适合结婚的人选，如果是，理所当然"该结婚"了，如果不是就该结束，用一位男性受访者的话来说"拖着也没必要"。二是在面临尽快结婚的规范压力下，未婚伴侣也不太容易做到长期停留在同居阶段。

第五章提到，意外怀孕在流动青年同居伴侣中是比较多发的事件。毫无意外，它也是促使同居关系加速向婚姻转化的重要因素。那些在同居半年内结婚的受访者几乎都是由怀孕推动的。像是闪婚式同居者阿勇和小秀、阿贵、阿鹏和Sari，都是同居不久后就发生了意外怀孕，从而快速向婚姻转变。而像小桃、小梦、小爱是在定亲后同居，怀孕原本就是双方家庭期盼和乐见的，随之而来是奉子成婚。

当然，受访者中也不乏同居长达三四年甚至更久后才过渡到婚姻的。但几乎没有人有意如此，而主要是因为开始同居时的年龄太小和父母（主要是女方父母）反对恋情，使他们不得已推迟了向婚姻转变的步伐。例如，商场营业员小香是在长达 4 年多的婚前同居生活后才结婚的。她 17 岁时和男友从相识相恋到同居，虽说这段恋情从一开始就遭到她父母的反对，但她远离家乡，父母即便不赞同，对恋情并没有起到实质性的阻碍作用。还令她感到庆幸的是，她到法定结婚年龄还有两年多的时间，她相信自己在这期间可以慢慢说服父母。果然，随着时间的推移，父母看到她是"铁了心"要和男友在一起，逐渐默认了她的恋情。在她过了 20 岁后，村里的同龄女孩相继结婚，她父母开始着急她的婚事，催促她带男友回家见面。经过将近一年的谈婚论嫁和筹办准备，在她 21 岁时——同居 4 年多后——顺利进入婚姻。美容师 Linlin 在同居一年多后，带男友回老家见了父母，表达了想要结婚的想法。同样地，这段恋情遭到她母亲的强烈反对。在她第一次接受笔者的访谈时，她说为了结婚与母亲已僵持了大半年。此后，对她追踪调查了一年多，才获悉她如愿步入婚姻的好消息，此时已是她同居的第四个年头。

传统风俗也是导致流动青年同居持续时间延长的因素之一。在中国传统的生肖、命理学说中，认为某些特定生肖的年份（如羊年）或者"无春年"、本命年不适合结婚，一些人为了避开这些年份而推迟结婚。比如小月当初从订婚到结婚之间隔了三四年，原因就是"那时候我们都碰到快本命年了，就说本命年结婚不好，那就过了本命年再说"。大刘当时则是由于女方母亲坚称羊年结婚不好而往后推迟了一年。如果按照原本的计划,正在同居的内衣店店员小戴在接受访谈时应该已结束同居进入婚姻,但因为地方性风俗而不得已推迟到来年正月。她解释说:

> 本来我们打算今年结婚。后来因为他姐怀孕了,今年就他姐结婚,我们那边讲究同一年家里不能一进(娶)一出(嫁),要么同时出,要么同时进,那我们就推迟到明年正月结婚。

简言之,在笔者的流动青年同居受访者中,除了同居之前就已经定亲或是同居后不久意外怀孕的同居者,其余同居者(即便是以结婚为同居动机)很少会在同居一年内结婚,对大多数人来说,通常是在同居一两年内向婚姻转化。

中国家庭追踪调查的数据仅记录了以婚姻结束的同居的持续时间,至于以分手结束的同居人群,他们的同居持续时间与进入婚姻者相比,是更短还是更长,或是没有什么差别,尚无从得知。在笔者的受访者中,有相当一部分人的同居最终走向了分手,下面就是基于这些同居者的资料展开的初步分析。

总的来说,大多数的分手也是发生在同居后的一两年内,与向婚姻转化的时间节点大致相似,但前者至少在两个方面呈现出明显的不同。首先,同居一年内就分手的情况不太多见,在结婚者中,定亲和意外怀孕会促使流动青年在同居后不久即向婚姻过渡,但在分手者中,没有观察到有类似的促使加速分手的主导因素,从这一点也可以看出流动青年从约会进展到同居主要出于情感考虑,而非便利、经济考虑等外部因素。其次,分手者的同居状态很少保持较长时间,持续4年以上的相当少见。

通常情况下,面临结婚时间压力的流动青年同居伴侣同居后会不时地评估这段关系向婚姻转化的可能性,只要一方认为可能性很低,就容易选择以分手结束。26岁的厨师阿实与前同居女友在同一家饭店上班,确立恋爱关系后不久,前女友就搬过来与他同住。遗憾的是,这段双方都有强烈结婚意愿的同居关系持续一年多后还是以女方主动离开而结束了。阿实说:

> 当时她父亲给她发信息,催她回去相亲,她说自己谈了,说了一下我的情况。她父亲听说我是外地的,年龄又比她大五六岁,就不同意。她是个很听父母话的人,家里不同意她就犹豫了,我说愿意和她一起回去争取她父母同意,她好像不太敢的样子,毕竟年纪小嘛,又是女孩子,不怎么敢反抗父母。后来可能家里也

一直催吧，她就说分手，然后就回老家了。

与遭到家人反对而延迟结婚的受访者一样，同居两三年后再分手的流动青年不少也是由于父母不同意婚事，或是双方家庭在谈婚论嫁时分歧比较多，反复商量争取的过程而拉长了关系的持续时间。例如，第一章提到的延迟型同居者小敏，在同居的第二个年头里两人有了结婚打算，双方父母对这桩婚事表示认可，不过，在商量彩礼、婚房这些具体环节时，两家人存在着很大的分歧，在将近一年的"拉锯战"后还是没有就婚事达成一致，而小敏和男友的感情也在不断的争执中逐渐降温，最后走向了分手。

四、结婚还是分手：同居结果的走向

无论最初出于何种动机进入同居，大多数的流动青年同居者在随后的短则几个月、长则两三年里，或是向婚姻过渡，有情人终成眷属，或是以分手而告结束，从此分道扬镳。流动青年同居伴侣如何走到这一步？笔者的调查表明，随着时间的推移和关系的进一步发展，在男方家庭的婚姻支付能力、关系满意度、地域异质性、同居怀孕以及父母作用这五个关键要素的共同影响下，这些同居朝向不同的轨迹演变。

男方家庭的婚姻支付能力

当今的婚姻形成比过去需要更多的金钱，年轻的、收入水平不高的同居伴侣越来越难以达到结婚的经济门槛，导致同居向婚姻的转化放缓且可能性下降，这是20世纪90年代中期以来西方家庭研究领域的一个基本结论（Sassler, S. & Lichter, D. T. 2020）。毫无疑问，在中国社会，结婚同样存在着经济门槛。笔者调查访谈中的流动青年同居者，在他们关于同居关系转变的叙述中，经济因素是最为凸显和一致的主题。大多数人的同居结果，无论是进入婚姻还是分手，都与经济因素紧密关联。与西方社会相一致的是，经济因素往往只是与男性有关。不同的是，它通常指的是男方负担的"彩礼""婚房""三金"等内容，而非西方社会所指的男性自身的经济状况，比如就业状况、职业地位和收入水平。

随着时代的变迁,婚姻缔结中"彩礼"的意涵、内容与功能都发生了巨大变化(吉国秀,2007)。但是,我国农村地区至今仍然普遍地延续着这一风俗,而且不断攀升的彩礼金额已成为农村地区男性结婚的一个重要经济障碍(靳小怡、段朱清,2019)。"天价彩礼"甚至成为政府社会治理的内容之一。① 在彩礼作为一种婚俗习惯被广泛认同的社会环境中,女方家庭和女方可能因为没有向男方提出彩礼要求而被贬低。因而在不管是相亲还是自由恋爱的婚事中,"议彩礼"都是必经的阶段,是婚姻形成的先决条件(王思凝等,2020)。再加上彩礼给付通常有公开的仪式,"众目睽睽"之下也很容易助长攀比之风。比如,在文员小菊的家乡,彩礼是在订婚仪式上一次性给付,她描述了这一过程:

笔者:在你们老家,彩礼是什么时候给呢?

小菊:订婚,订婚当天礼金就摆上桌。

笔者:要摆给别人看的?

小菊:对,摆现金,都是现金。就用一个盘子装着,放在双方父母都坐着的桌子上。

彩礼的这种"广而告之"的特性也产生了外在约束性,流动青年即便不认同,也发现自己不得不服从。阿贵结婚时支付了16.8万元的彩礼,在当时村庄里属于较高的水平,也为他家里赢得了"声誉",但他对此表达了一种无可奈何的反感,"我个人的感觉,再风光也是给别人看的,没有任何意义,如果家庭稍微好一点,那无所谓,但如果家庭一般,突然又花掉这么多钱,肯定是要欠钱的,将来这个钱谁还?又落到自己身上,我感觉没有任何必要。但这样的习俗,我一个人改变不了"。作为女方,一些流动青年女性则表达了一种"不得不要"的态度。小洁说她自己对彩礼"无所谓,没彩礼也一样会结婚的",但随后她话锋一转,说道:"想想父母,别的父母养了女儿,都有彩礼,如果他们没有,面上不好看。我觉得还是要给他们一点吧,我不要没关系,但是要给父母一点。"类似地,小菊也表达了彩礼"从众"的看法:"就跟着大众,人家怎么样你就怎么样就行了,我是这么觉得的,不跟高的比,但是也不能太少,毕竟要考虑父母。"

由于彩礼是他们关系转化过程中绕不开的环节,在谈婚论嫁阶段,男女双方

---

① 例如,2020年5月民政部印发的《关于开展婚俗改革试点工作的指导意见》提到要"开展对天价彩礼、铺张浪费、低俗婚闹、随礼攀比等不正之风的整治"。

家庭围绕彩礼的讨价还价,以及随之引发的双方家长之间、同居伴侣之间、父母子女之间的各种矛盾和波折,在不管是以结婚还是分手结束同居状态的受访者中都相当普遍。笔者访谈中从同居走向婚姻的男女受访者无一例外都表示发生了彩礼支付,金额从一两万元到 20 万元不等。

文员小何在怀孕 6 个多月时结婚了,不过,由于她父母所提的彩礼金额和男友家庭的支付能力问题,她是在一波三折后才如愿进入婚姻的。第五章曾经提到,缺乏避孕知识的小何在同居后不久怀孕了。当时她已 21 岁,认为自己到了该结婚的年龄,而且男友也是让她满意的结婚对象。于是,她没有怎么犹豫就决定要结婚把孩子生下来。她打电话把怀孕的消息告诉了父母,并说想要带男友去他们打工的城市见他们,商量结婚的事情。她母亲在得知男方老家是外地的,极力反对,"我妈说,当初我跟你说过了,我不允许你嫁外地,你还是要找外地男朋友,你不要带他过来,我不会见的"。之后就拒接她的电话。再三反对无效后,看到小何一心要嫁给对方,她母亲提出让男方拿 20 万元彩礼才同意婚事。

即使放到现在,20 万元彩礼也称得上是"天价彩礼",何况当时是 2014 年。在得知彩礼金额没有商议余地时,男友产生了分手念头:

> 我就跟我男朋友说,就是现在的老公嘛,他吓到了。他就问这个钱是不是可以再商量,我妈说没得商量,20 万元你可以把人带走。我老公就很生气,说不结了,结不起。我也没有办法了,我也不可能帮着自己的男朋友反抗自己的父母,他就晚上下了班正常他每天都会接我下班,但是当天他就没有接我下班,就躲起来了,躲在网吧上网了,他就说,就这样吧,好像没有必要下去了。我就去网吧找他,那时候还在下雨,我在网吧找到他,我说快下来,我在楼下等你。就在雨中说到这个彩礼的问题,他接受不了,拿不出这么多,他说他父母也很辛苦,在家务农,从来没有出来打过工,也挣不了这么多钱。那天晚上我们差点打架,我推了他一把,我说我要走。那天下雨嘛,我就收拾东西,他也帮我收拾东西,我说你不要收拾,我自己收拾,我就一把把他推到地上了。

父母和男友的态度都很坚定,夹在中间的小何左右为难。在僵持了一个月左右后,小何想要嫁给男友的心意没有松动,但腹中胎儿一天天在长大,结婚的时间压力促使她主动采取行动。

我妈还是有这个要求,冷战了一个月之后,我正式去见了我父母,因为我归根到底还是要嫁给他的。我妈不同意,就回老家了。我就带着我老公去见我爸了。当时说彩礼还是那么多,谈不拢,就回去了。又商量一下,说能不能付一半,付10万元,那时候10万元也是照样拿不出,因为我们的收入比较低。就一直吵一直闹。后来我妈带我弟弟又出来打暑假工,我外婆也一起出来了,在我爸那边上班,答应我们见面。那天中午我们过去了,刚好休息,星期天,就见他们了。我妈一直没有给我男朋友好脸色,先是说最少10万元,没有商量了。看我们为难,我外婆在一边一直帮着我们说话。反正当时好说歹说,后来我妈松口了,说她现在怀孕了,又坚持要嫁给你,10万元拿不出就给8万元吧,就答应下来了。

对小何老公而言,即便彩礼从20万元降至8万元,还是一笔不小的数额。为了能赶在孩子出生前顺利举行婚礼,小何也参与到筹措彩礼之中,与老公一起迈过了彩礼这道经济门槛。

我们就到处借钱,当时我存款有1万元,我老公手里也就3万块钱存款,他父母拿了1万元,跟他大姐那借了几万块钱。我说给我爸转账过去,他不要,一定要现金。很奇葩吧,我取出来拿着一个袋子装着,送过去给我爸。当时我觉得挺丢脸、挺尴尬的,为什么我有这样一个爸爸,这么物质,要现金,现金一大袋子带过去交到他手里。就这样成交了,8万块钱,吃了个饭,后面就定下来了。这个彩礼的钱就这样定下来了。

即使双方家庭就彩礼金额达成一致,男方也具备支付能力,还有可能在给付环节由于沟通不畅而生出波折,影响向婚姻的过渡。服装店店员小英的经历就相当有代表性。在小英老家,彩礼一般是分三次支付,分别是在"大相"(男方来女方家)、订婚(女方去男方家)和婚礼当天接亲时。小英父母当时对男方媒人说的彩礼是:"大相"6 000元,订婚11 000元,结婚36 000元。这个数额在当地属于一般水平。然而,不知何故,在把女方彩礼要求传达给男方时,媒人说成了大相加订婚一起11 000元。在订婚那天,当男方把订婚礼金交过来时,她父亲接在手上感觉不对劲,回房间点过数后发现少了一大半,当即出来质问怎么回事,"他就说了,大相不是6 000元嘛,现在5 000元,加起来正好11 000元呀。"小英父母听后很不高兴,她也说不去男方家了。男方媒人见状说差错的责任在他,是他理解有误,并立即给男方父母打电话说明情况。好在这笔差额数额不高,对男方家也不构成什么压力,而且不是女方家临时增添名目换着花样索要彩礼,男方家随即答应,拿出来的解决方案是,先把小英和陪同亲属接过去,然后把补上的钱交给女方媒人,让他专程送回来。彩礼给付过程中的这番小差错算是过去了,订婚仪式顺利举行,但还是给双方父母心里留下了疙瘩,并影响到以后的姻亲关系,"虽然顺利了,但是这种事情心里都有阴影,双方家长心里都不是很自在,所以现在关系处得也不是太好"。

事实上,随着"通婚圈"的扩大,在跨县市、跨省婚姻缔结过程中,两地之间的婚姻习俗差异更大,再加上通常少了媒人这个"中间人"的居中说和调节,彩礼给付环节更是容易引发矛盾。比如,小琪和男友的老家相隔好几个省份,男友父母去她家商议婚事时,当着她家亲戚的面,把存有彩礼钱的银行卡交给了她。没想到的是,她老家的风俗是,彩礼应该交到女方父母手中。她母亲由此认为男友父母不讲礼,不尊重他们,当即愤而起身离开。经过在场亲戚的一番解释,一头雾水的男友父母(当然,也包括小琪)才弄明白了原委。最终,这场因习俗差异而生发出的波折,以小琪把银行卡退还给男友父母,男友父母再交给她父母,重新走一遍彩礼给付程序而解决了,议婚得以继续进行下去。

尽管经历了诸多的矛盾和冲突,但无论如何,像小何、小英和小琪这类流动青年同居者最终还是跨过了彩礼这道经济门槛,如期结婚了。其他一些人则没有这样的幸运,调查中不少同居者因为彩礼而最终走向了分手。23 岁的阿根和前女友在同一家工厂上班,同居一年多后两人都有意结婚,双方父母对婚事持赞同态度,却在彩礼数额上一直"没谈拢",两人不得已而分手。阿根说:"她父母先是说她们那边彩礼现在一般在 15 万元左右,我父母说拿不出这么多,后来松了一点口,说拿 12 万元,但我家里,我哥前两年才结婚,钱都花光了,这个钱还是出不起……反正就这样一直没谈拢吧,后来就分手了。"初次访谈时,21 岁的生产线工人阿成与女友正在同居,他很高兴地告诉笔者,年底两人将回老家见父母,并商量婚事。然而,追踪一年半后,得到的却是他分手的消息,原因是他家里拿不出女友父母要求的 20 万元彩礼。

近年来,随着城镇化进程的推进,在县城或市区有婚房开始成为一项新的女方可能要求的结婚条件(宣朝庆、韩庆龄,2015;宋国恺、焦艳棠,2021)。除了彩礼,"婚房进城"也成了流动青年结婚的一道经济门槛。一旦女方把在县城或市区购买婚房作为结婚必备的条件,男方满足与否将直接决定同居的结果走向。

22岁的阿威与前女友同居将近一年时开始商量结婚,两人老家在陕西省的相邻县市,结婚风俗相似——先找个日子订婚,半年之内再举行婚礼。然而,女方家要求的"市区买房",让两人走向了分手:

阿威:那时候马上都要订婚了吧,我这边经济条件跟不上,就分手了。

笔者:是关于彩礼这方面吗?

阿威:不是的。当时彩礼要求的不高,六七万元吧,但她们那边还要求买房子,在西安。彩礼的话无所谓,我觉得是无所谓的,但是买房的话吃不消的。西安的一套房要100多万元,家里出不起这个钱。她之前跟我说的是,房子无所谓的,最后她父母还是要求必须买。后来,怪来怪去,我也有点不耐烦了,就说分手了。

来自广西的阿志出生于1990年,与女友开始同居时已将近27岁,年龄老大不小的他非常期望能早日步入婚姻。同居半年多后,两人与家人商量结婚。女友父母对婚事表示赞同,彩礼随男方拿多少,唯一坚持的是,阿志必须在老家市区买一套商品房作为婚房。阿志家中经济条件很一般,他父亲年轻时腿受过伤,受不了重力,只能在家干点轻松的农活,无法外出打零工挣钱。在结婚成家这件事上,阿志父母能提供的金钱资助非常有限,几乎都需要靠他自己积攒。因而对他来说,市区买房是一个短时期内无法达到的条件。阿志也试图说服女友父母,"我也问过几次了,也没有见松口"。

阿志的婚事就此陷入僵局。其间还发生了女友怀孕的事件,"她有了,打掉了之后才跟我说的,我看了报告单之后才知道的"。阿志追问原因,"她说现在也买不起房结婚,不可能要这个孩子"。当笔者让他评估这段关系的未来前景时,他表达了悲观的态度,"说不定哪一天说分就分了"。事实上,他担忧的结果还是应验了,访谈过后不到半年,女友见买房结婚无望,向他提出了分手。

可以说,持续攀升的彩礼数额和婚房进城的新趋势,导致流动青年男性把同居转化为婚姻的"经济门槛"被不断抬高。不过,这些婚姻成本往往并不是由男性独自来承担,而是依赖父母(有时还包括兄弟姐妹甚至是祖父母)的支持(韦艳、姜全保,2017;许琪、彭湃,2021)。一方面,这些20岁出头的流动青年男性,通常工作的时间不长,很多人工作还不稳定、工资水平不高,每月收入在个人花销之后所剩不多,甚至不时还要向父母寻求经济支持(例如阿德就坦言,他有段时间辞职了没急着找新工作,坐吃山空后就打电话让父母转钱),仅依靠他们自己几乎没有可能实现结婚所需的经济积累。另一方面,家庭主义的文化规范引导着中国父母积极参与到子女成家大事中来,为儿子准备婚房和彩礼被男方父母视为自己应尽的人生义务(刘汶蓉,2021)。在调查中,男女受访者也往往将男方"家里""父母"经济条件的感知,而不是男性的收入水平,与何时结婚、结婚可能性相联系。从调查中步入婚姻的流动青年同居者来看,几乎没有人完全是靠男性自己负责所有的结婚支出——从彩礼、婚房到婚礼、酒席等的开销。绝大多数人表示,无论男女,男方父母是结婚费用的主要承担者。少数男方父母即使经济困难,也会尽力帮忙分担部分成本。比如前面提及的小何,虽然她老公父母在彩礼上只出了很少,但两人在老家结婚办酒的费用(包括简装婚房、婚宴酒席)全部是由他父母承担的。

爱情、关系满意度与同居结果

人类学家阎云翔长期致力于研究中国农村社会私人生活的变革,尤其是个人情感与欲望在现代家庭生活中的位置。他指出,农村青年择偶自主权的早期趋势到 20 世纪 90 年代末演化成为"择偶的浪漫革命",爱情与亲密关系普遍被纳入新的家庭理想(阎云翔,2016)。有关择偶标准、家庭价值观的定量研究结果表明,在经济全球化进程中社会分化加剧、各种风险加大的今天,青年人的择偶态度趋向理性化,同时也认为爱情是婚姻结合中不可或缺的(徐安琪等,2013)。在流动青年同居者的关系演变过程中,爱情也即关系质量无疑是一个关键要素,尽管它对结婚或分手结果的影响强度不一。

爱情的力量首先突出表现在恋情遭遇家人反对时坚持自己的选择。当流动青年把他们在外确立的恋情告知父母时,时常可能遭到父母的反对,尤其是女性受访者。但对浪漫爱情的追求,让流动青年有强烈的意愿来坚持自己的选择。例如,第一章提到的谨慎型同居者小翠,发现自己怀孕后决定结婚把孩子生下来(尽管当时她只有 17 岁)。她父母既反对她找了个外地人,也不赞同她这么早就结婚生小孩,以断绝关系作为要挟,要她立即从北京返回老家。尽管她听从父母要求回去了,但回家后父母的软硬兼施都没有让她产生放弃的念头。一个月后,她趁父母不备,又返回北京与男友在一起。对于当初为何坚定自己的选择,小翠毫不犹豫地归因于爱情,"如果他对我不好,不那么爱我,我感觉肯定也不会这么坚持,跟我父母闹成这样,当时也闹得挺不高兴的"。类似地,恋情遭遇过父母强烈反对的女性受访者,如文员小何、营业员玲玲、电子厂操作工小露、美容师Linlin等,她们一致强调,与男友的感情和对这段关系非常满意,是她们在父母强烈反对时不放弃的主要原因。美容师Linlin说:

> 在家的最后那天,我跟我妈闹得很不愉快……后来我走的时候,她说我是为你好,所以说你要听我的。可能我以前是听他们话的,但那时我小,不得不听,现在我不想听了,都这么大人了还不能有自己的想法吗?我妈就不这么想,她就不允许,她说你现在要是听我们的安排在家里找一个,你这一辈子保证会过得很好的。她从来就没想过这样我会不会开心。跟自己喜欢的人在一起,就算开始条件差点吃点苦也没什么,两人一起奋斗总归会好起来的。

爱情让流动青年男女愿意冲破重重阻力在一起,很自然地,一旦"没感情了"或是关系质量变差了,他们也会选择结束而不是勉强维系这段关系。正如较低的婚姻质量会加大婚姻的不稳定和解体,同居关系质量不高与后来的分手结果有直接关联(Brown, S. L. 2000)。在笔者的调查中,同居后发现对方不是理想的终身伴侣、经常发生矛盾和争吵,是流动青年同居者决定分手的直接原因。

27岁的阿庆与前同居女友的恋情在初期极具浪漫色彩,他向笔者展示了他手臂上的文身,并一一讲述了每个图案背后的意涵,比如哪个图案代表两人定情,哪个图案是纪念相识周年……然而,在激情和强烈吸引力逐渐消退后,问题也慢慢浮现出来,"我们之间有很多隔阂,朋友圈也融入不进去"。阿庆几乎不与前女友聊及他工作上、同事朋友日常交往上的事情,她也同样如此,除非生活中遇到了问题或是要做一些决定,一般不会聊太多她生活上的事。"我总跟一个朋友说,我跟她在一起,她像我闺女,像我妹妹,啥都像,就不像女朋友。"随着同居时间的推移,阿庆说"总感觉我要结婚的类型,不是她那样的"。因此,尽管年龄不小的阿庆期盼早日成家,但在逐渐意识到女友并不是理想结婚伴侣后,一番犹豫后还是决定分手。显然,同居提供了一个更好地了解对方的机会,进而判断彼此是否契合,从这个意义上来看,同居实际发挥了"试婚"的作用。

对于更为注重情感满足的新一代流动青年来说,如果同居期间发生了不忠、出轨这种严重的关系问题,更将是导致分手的结局。20岁的店员小莉与前男友的关系发展轨迹就是一个典型的例子。我们在第二章看到,小莉顶着母亲说要断绝母女关系的压力,为了浪漫爱情坚持和前男友在一起。不仅如此,在后面的访谈中她还提到,前男友的家庭条件不好,父母年龄也比较大,在两人以后结婚成家上提供的经济支持非常有限,她母亲也以此来劝说她放弃,但双方的感情让小莉不在意经济因素。

笔者:他们家的条件怎样,他父母是做什么的?

小莉:在农村务工嘛,他妈妈就在家里,带他姐的孩子,他爸也是给人打零工吧。

笔者:那可能只够他们自己的日常开销。

小莉:对,没有太多积蓄,而且我妈的顾虑是,他爸年龄挺大的,就怕我俩刚结婚就过去照顾老人,挺累的。因为我妈现在不大,才40多岁。

笔者:两方父母年龄差得挺大的。

小莉:对,怕我会太累、太辛苦,因为谁家的父母不希望自己家孩子过得好啊,我妈也是从我这一步过来的,就怕我的选择不正确,一辈子就会挺难。

笔者:你妈妈这样跟你讲的时候,你认同吗?

小莉:怎么说呢,虽然觉得她说的可能是对的,但还是不想放弃。因为我俩之前的感情一直挺好的,他对我也挺好的,我对他也挺好的。两个人只要感情好,经济上差一点也不算什么。

然而,在接受访谈时,小莉与前男友已经分手两个多月了(她说原本计划在当年订婚)。对于分手的原因,她直言,"比较俗套,出轨嘛,我感觉有,反正没有抓到事实,但是每天那样挺累的,后来自己也承受不住了"。她还描述了两人关系变差的其他一些迹象,"感觉他对我的关心越来越少了,没有觉得他主动关心你这方面,手机也不让你看,甚至到最后密码都改了"。分手之后,前男友曾试图挽回这段关系,但遭到她的拒绝,"没感情了,不可能再在一起了"。另一位同居者小霞分手时婚礼日期已定,她还怀有两个多月的身孕。导致小霞在结婚前夕决然放弃胎儿并分手的唯一缘由是,她发现了对方有不忠行为。她说,

当时我跟他就要回老家结婚了,家里什么都准备得差不多了,我也有(怀孕)了……他那时候卖房子,跟一起卖房子的一个女的在一块了,在大街上搂着一起

走,被我看到了。我就说不结了,我说咱俩没有商量的了,我容忍不了那样的人。他还下跪道歉啊,我都没答应。没办法,我这个人容不了一点沙子。我把孩子打(流产)了,让家里把彩礼退了。

显然,自我的情感满足与否完全成为分手选择的标尺。"没有爱的感觉""感情不好了"之类对关系的不满,就足以让流动青年以分手来结束同居,几乎没有人会考虑社会规范的约束。

相较于情感因素在分手结果中可能起到的决定性作用,从同居向婚姻的过渡,爱情固然重要,却不是唯一的决定性因素。换言之,有情人不一定终成眷属。在个体化程度不高和家庭主义文化占主导的中国社会,年轻人要想把同居关系发展至婚姻,还受到关系之外诸多因素的约束。如前所述,从同居走向婚姻的进程,随时可能会因男方的婚姻支付能力不足而中断。此外,我们将在下面的分析中看到,两情相悦的流动青年同居伴侣要想如愿走进婚姻,还深受地域和父母意愿的影响。

地域异质性:跨县市恋人难成眷属

夫妻异质性是预测离婚风险的重要因素,随着同居成为伴侣结合的普遍形式,研究人员发现,异质假说也适用于解释同居关系的解体。在笔者访谈的同居受访者中,一部分人——有结婚者也有分手者——重点讲述了双方的异质性对关系发展轨迹的影响。只不过,这些男女受访者谈到的异质性,既不是年龄、教育上的差距,也不是观念、性格、旨趣等方面的不相容,而是一致指向了双方地域的不同,即男/女友是"外地人"。

一直以来,籍贯、地域因素在择偶中似乎是一个无关紧要的条件。徐安琪对20世纪40—90年代择偶标准变迁的研究发现,不同择偶年代看重籍贯条件的概率非常低,在调查所列出的29项择偶标准中,50年间只有4%—7%的人选择籍贯是择偶时非常重要的一个条件。她指出,这或许是因为籍贯是父辈的地域身份,现代人已不那么注重而只求地域差异不成为双方协调的障碍即可(徐安琪,2000)。新近的研究表明,这一趋势没有发生明显变化。宋月萍等人(2012)对"2011年全国流动人口动态监测数据"的分析发现,在有恋爱对象的新生代农民工中,双方来自同一县市的比例只占到38%;而在没有恋爱对象的受访者中,超过一半(54.1%)者认为对方户籍地无所谓,仅 1/4 的人希望婚恋对象来自同省。

另一方面,关于已婚流动青年通婚圈的研究表明,尽管新生代流动人口的通婚圈出现了明显的扩展趋势,但这主要表现为从过去的"本乡范围"为主扩大到"同一县市"范围。"省内跨县市"和"跨省"的通婚比例有所上升,但总体上仍保持在较低水平(段成荣、梁海艳,2015)。这一结果似乎表明,在婚姻形成过程中,地域因素仍然很重要,这也意味着"异乡人"之间的恋情更经常地以分手结束而不是走向结婚。笔者的研究支持了这种判断,地域身份是一个影响流动青年同居关系发展轨迹的独立因素。

来自不同户籍地的同居伴侣最终走向分手,虽然其中的每对伴侣分手的原因不尽相同,但地域问题是一个共性因素。这些受访者细致讲述了在推动关系往结婚方向发展的过程中因地域差异而遭到家人和亲戚朋友的反对,最后不得已分手。28 岁的电焊工阿强来自河南,前女友来自江苏,两人在同居两年多后分手。分手与经济和情感因素都无关,地域是唯一的原因。"她妈妈不想她嫁到外地,因为她是单亲,爸爸很早就去世了,妈妈把她养那么大不容易。"阿强是独生子女,他父母也不接受他去外地安家。"她妈说过把房子买在她们家那边就同意,但这不可能,我家就我一个,我父母不答应。"地域成了这对恋人无法跨越的障碍,"实际上当时分手,她也不想分,我想还是不要违背父母的意愿,忍痛割爱吧,就放弃了,实在没有办法"。

美容师小凤的老家在江苏,她母亲听说她找的男友是陕西人后,一直打电话劝小凤回老家相亲,不要找外地人,"我妈很不愿意,太远了,我妈妈经常说,江苏又不是找不到人嫁了,干吗要跑那么远"。不仅如此,每次小凤回老家,那些与她年龄相近、都是与老家县市的人结婚的堂兄妹及表兄妹们,也都极力劝说她放弃这段"异乡"恋情。在小凤的坚持下,这段恋情走过了一年又一年。眼见女儿步入大龄未婚行列,她母亲的态度有所松动,于是,两年前双方父母见面商谈两人的婚事。小凤父母的要求很明确,那就是必须在江浙一带买房作为婚房。男友父母一开始勉强答应了,但过后在行动上并不积极。"本来说好了买,他们家现在想法又不一样了,又不想买了。他们家两个姐姐,就他一个男孩子,就不愿意他在外面安家。现在他父母也是很明确,想让儿子以后回家的。"工作多年的男友并无多少积蓄,买房完全要依赖父母出首付,现在男友父母拖着不肯拿钱出来,婚事因而陷入僵局。

实际上,小凤父母提出了一个近年来女方家庭(也包括流动青年女性自身)遇到"异乡"恋情时喜欢采取的一种解决方案——靠近女方家乡买房安家,特别是当女方家处在东部经济发展更好的地区,而男方户籍地在中西部地区。24岁的小妍是广东梅州人,前男友(没有同居)是安徽人,地域是两人分手的最大原因。说及未来的择偶要求,小妍表示除非对方经济条件好,否则不会考虑找一个外省市户籍的,她解释说:

> 外省的,除非他在这边发展,可以在这边买房定居,因为现在也有很多人出来发展,老家可以回啊,但是重心是在这边,这样的也可以考虑。父母也是这种看法,就觉得如果找外地的话,一定要经济上是可以的,不然的话你嫁过去,也不说广东吧,现在说广东女儿不远嫁什么的,就是因为嫁过去后,10个中有9个都是不好,所以才会强烈反对。

自20世纪90年代以来,中国持续发生着大规模的人口迁移流动。在人口迁移流动成为一种普遍现象下,为什么"异乡"恋情依然受到如此强烈的反对,农村地区父母不愿意子女嫁娶外地人?一项对河南农村的调查发现,所调查村庄的农民有"外地媳妇不牢靠"的牢固看法,当地有不少外地媳妇出于地方经济社会发展落后、家庭条件差、文化适应困难等各种原因而离开。女儿嫁在外地的情况也同样让父母不安,因为他们不知道女儿过得怎样,而且女儿婆家的社会关系因为距离遥远而无法产生效用(宋丽娜,2017)。笔者的受访者表达了类似的观点。美容师Linlin是这样描述她的老家人和男友老家人对找外地人结婚看法的:

> 他们家那边可能给我们那边的女孩子弄怕了,一听说我是河南的,就说那谁谁谁家的媳妇,孩子生了都跑了。我们那边就说,谁谁谁家闺女找了湖南的男的,那男的后来就什么都不管了呀。反正两边都是有点怕了吧。

除了上述两个原因,笔者的调查研究表明,父母不希望子女与外地人结婚还源于他们在年老后对子女提供照护和情感慰藉的需求,特别是在少子化的背景之下。50岁的赵师傅在上海从事窗帘安装工作,有一个"90后"儿子,去年与老家在同一个县市的女友结婚了。赵师傅对这门婚事非常满意,因为两家相距不是很远,他很得意地告诉笔者,这要归功于他早早地给儿子"打预防针",让他一定要找本地女孩谈恋爱。

赵师傅：没谈恋爱之前就打过预防针了，我说如果你找个外地的，她就算再好我也不会同意的，你最好是找本地的。我说你是没有到过日子的年龄，你到了过日子的年龄就知道了，到时候你老婆说要回去陪她父母过年，那你能不去吗？那你又想陪自己的父母过年，她又想陪她父母，那家庭矛盾不是更多了吗？如果离得近，两边都好走不是更好吗？到了一定年龄，父母也会想，女方也会想，那两家怎么分呢？都是独生子女。

笔者：你还是挺有远见的，提前给他打预防针，有些父母不会很早跟子女说，一旦子女谈了以后又说不行，不能找外地的。

赵师傅：要先提醒他，这样他就会注意了。我跟他讲，你如果挑外地的，双方父母必须要丢一方的，你顾不到。你现在是轰轰烈烈的恋爱，年轻不知道，到过日子了，家庭矛盾就多起来了。你也想，她也想，那怎么办呢？事情怎么解决呢？甚至有的父母不懂理，还会埋怨，又怪你又怪她，这个矛盾扯起来就更多了。到时候我们也会老，我老了糊涂了，希望你回家过年，你不回来，我打电话过来骂你啊，或者讲对方怎么年年到那边去啊，怎么不回来啊？那到时候你的岳父岳母也难受。我们现在是不会的，但到了一定年龄糊涂了，老了，也说不清楚的。我隔壁有一个做广告（制作）的店，（夫妻俩）一个是湖北的，一个是安徽的，两个人原先在厂里谈恋爱的，那个女的讲，就是要早早地给子女打预防针，她也讲了，我就是嫁得太远了，我想回去看父母，太远，五六年都没有回去看一看。

赵师傅从父母角度出发，以春节回家过年为例说出了年轻一代的跨县市婚姻在今后要面临的困局，他的这种看法代表了父母一辈的普遍心态，并在和子女日常闲聊中表露出来，潜移默化中影响子女的择偶观。内衣店店员小戴说："我父母也没有特别要求说不能找外地的，只是有时候会说，找了一个很远的，可能回家不容易。听了这个话你也知道，他不愿意让你找很远的，你听到这个话，你就不会找一个很远的。"事实上，许多流动青年对此也非常认同，"老家是一个地方的"成为选择恋爱对象的前提条件。比如前面提到过的商场营业员小慧，在与老公恋爱时，两人曾经分手了一年多，其间有好几个男孩子追求过她，她和其中的追求者约会过，但有的是直接拒绝了，"因为不是一个地方的，根本不想去考虑，父母不会同意，主要我也不想离父母太远，离太远父母老了以后不好照顾"。

当然，笔者的受访者中有许多跨省、跨县市恋情从同居走向了婚姻，像是阿勇和小秀、玲玲、小翠、阿学等。即便如此，他们中许多人当初因为地域问题经历了诸多波折，比如父母声称要断绝关系、藏匿手机或身份证不让返回工作地、发动亲戚朋友轮番劝分手（更多为女方父母）。在各种反对无效后，父母才勉强同意商谈婚事。在这期间，女方父母还可能通过高额彩礼（文员小何的丈夫就曾被她母亲提出的 20 万元彩礼而萌生退意）、要求在靠近自家的县市安家等方式，男方父母则多以在谈婚论嫁时表现不主动（比如小凤男友的父母迟迟不拿钱出来帮儿子购买婚房）、压低彩礼等方式，再次试图让这些异地恋情"夭折"。

阿学是甘肃人，他老婆来自湖南，两人从恋爱、同居到走向婚姻，经历了长达 7 年的时间。两人之所以这么迟才进入婚姻，原因在于双方父母都不愿意自己的孩子和一个外地人结婚。阿学父母是在听儿子说以后要把家安在湖南，靠近女方父母后表示反对这门婚事，即便他们身边有另外一个已婚儿子。女方父母反对则是出于担心这可能是阿学开的"空头支票"，目的是想让他们点头同意这桩婚事，毕竟他做不到婚前买房，而一旦结婚后他反悔了，他们将无可奈何。上文提到，商场营业员小香是在同居 4 年多后步入婚姻的，原因之一是她进入同居时年龄小（17 岁），另一个重要原因是她父母反对这段"跨省"婚姻。

小香：我们俩谈的时间比较长，因为我爸妈是不同意的。

笔者：他们不同意的原因是什么？

小香：他们那边穷嘛，也太远，这是最主要的。我家就我一个姑娘，虽然还有一个弟，父母不愿意我去那么远……我们俩就这么一直耗着，最后也说不上不同意，也说不上同意，就那样。现在看年龄不算小了，而且我们以后是要在我家那边买房子的，也就默认了。

地域异质性除了容易招致父母反对婚事，流动青年同居者自身考虑到未来对父母、对家庭的责任，也可能主动放弃这段恋情。这种情况多发生在身为独生子女的受访者中。24 岁的阿富和女友分手已有半年之久，说起这段恋情，他还是很伤感，"平时白天的时候我上班，无所谓，但是特别是到了晚上，有的时候真的是很想她的，就那种感觉，毕竟一年多了，而且是自己真正喜欢的，是想娶她的"。让这一对有情人不能终成眷属的唯一阻碍是，两人老家相隔太远。阿富老家在江苏，前女友家远在东北——"坐飞机到了哈尔滨以后，还要再坐 9 个小时的那种绿皮火车"。无论靠近哪一方安家，对另一方而言都是远离家乡，以后很难照应父母，就像窗帘安装工赵师傅所说的"双方父母必须要丢一方的，你顾不到"。

其实那个时候两个人的感情真的很好，我也带她回去过，我爸妈也挺满意的，但是面临很多的问题，感情再好，其实真的就是被现实打败了……以前她也有同学，本身也在外地工作，她那个同学的爸爸在工地干活，后来被砸了，过世了，她就觉得她嫁到我这边来，万一父母有什么事，真的连最后一面都见不到。她让我去她们那边生活，我家里就我一个，我总不能把父母扔下吧。我也没和我父母提她让我去她们家那边生活，不说父母吧，我自己都过不了心里这一关。如果我还有一个哥哥什么的还无所谓，就我一个，那么远，一年能回来个一两回就不错了，那怎么可能呢，父母的年纪也越来越大，虽然说现在暂时不需要我照顾，但是等真的年纪大了怎么办？

因而，尽管一再强调"两个人感情真的很好"，考虑到老家相隔太远，未来无法兼顾对双方父母的照顾责任，阿富在遗憾中结束了这段恋情。由于买房问题而致使婚事陷入僵局的美容师小凤在后面的访谈中也讲述到男友的态度逐渐发生变化，由原来的同意在江浙买房到希望她跟随他一起回西安去。

当时都说好了，说是去无锡买，无锡的房价那时候也不算特别高，找个郊区一点的，比县城的稍微贵一点点。他回家后被别人洗了两回脑，跟我说要回家了，不想待在这，觉得待在上海也没有挣多少钱，人家同学回家都觉得蛮好的，虽然说拿个两三千块钱工资，但是生活很滋润的。他觉得在上海这么多年，虽然工资发得比别人高很多，但就觉得没有挣到钱，还是老家好，他就对我洗脑，给我做工作，想让我跟他一起走。现在的情况是，我就想着离我爸妈近一点，他也想离他爸妈近一点。毕竟父母总会有老的一天，需要子女照顾的这一天，离得近才顾得上。

访谈过后不到一个月，正值春节期间，小凤在微信中告诉我，她和男友正式分手了，并且，她接受了家人的意见，在老家相亲和结婚生子，近几年都不打算外出了。美容师 Kitty 有着相似的关系发展轨迹。她是独生子女，老家在浙江湖州，当家人知道她找了一个老家在河南的男友时，一直劝她再考虑一下。她最初安慰家人说，男友父母也常年在外打工，以后不太可能回老家的，只要两人把房子买在江浙这边就没问题了。她在接受访谈时对这段关系充满了信心,计划着下一年就结婚。然而,访谈过后半年左右,她家里接连发生奶奶生病住院、母亲出车祸的事件。于是,她向公司请了长假,暂时回老家照应一段时间。但事实上,她没有再回美容院上班,而且,回老家后的第二个月就向男友提出了分手。家人接连住院需要人照料的现实让她真切意识到找个本地人结婚的重要性。

不难看出,流动经历大大增加了年轻一代流动人口与"异乡人"约会和同居的机会,只不过,随着时间推移,或是关系进一步往婚姻方向发展,地域异质性伴侣更有可能在这一过程中被"淘汰"出局。

同居怀孕：加速向婚姻转变

"未婚先孕"在新生代农民工中已成为一个较为突出的婚育行为。一些相关的调查结果显示,已婚流动青年妇女的一孩生育有 25%—45% 属于婚前先孕(李丁、田思钰,2017)。在笔者的调查中,第五章的分析已经指出,同居在很大程度上增加了流动青年女性未婚怀孕的风险。这些怀孕大多是"意外",但也有相当一部分是"计划内"行为。不过,无论是意外还是计划内,怀孕都构成了这些流动青年同居者向婚姻转变的一个推动因素。

同居时发生"计划内"怀孕的流动青年通常处于即将向正式婚姻过渡的阶段,他们或是婚期已定,或是双方家庭已就彩礼、婚房等重要事项商议妥当,随时可以操办婚事。一旦发生了"计划内"怀孕,那些婚期未定的流动青年同居伴侣往往以此为契机,快速完成向婚姻的转变。至于婚期已定的同居者,如果婚期在即则是如期结婚,但如果原定婚期稍远,怀孕可能促使一些人把结婚时间提前。例如,"本来说的是春节办酒,后来她有了,就国庆回去办的",或是"怀孕之前家里就定好了(结婚)日子,但一看那个时候我快要生了,又往前挪了"。

相比之下,"意外"怀孕对流动青年同居者的结婚推动作用更为明显。大多数的意外怀孕发生在同居后的几个月内,虽说当中的许多人是抱着结婚念头进入同居的,但由于处在关系发展的初期,往往还没有明确的结婚计划和准备,其中还有一些是出于相爱就开始同居,并没有把对方视为未来的结婚对象。可以说,这些流动青年同居者完全是受意外怀孕的驱动,提前了进入婚姻的时间表。那么,这种驱动作用是如何产生的呢？大致有三方面因素在其中起到了关键作用。

首先是有较高的关系质量为基础。从择偶的过程来看,当人们决定把一段约会关系发展至同居关系时,他们实际上已经完成了"搜索"和"匹配"步骤,关系质量和承诺水平相比约会时期要高(Moors, G. & Bernhardt, E. 2009)。流动青年同居者大多是在认为对方是未来结婚对象的前提下同居的,因而在意外怀孕发生后,较好的感情基础让他们倾向于考虑趁此"奉子成婚"。21 岁的小红与丈夫在大半年之内就从约会发展到同居再到结婚,"原本也没想过要这么快结的,但我有了嘛,那肯定是告诉家里把婚结了,毕竟是有感情基础在的"。在与丈夫相恋之前,小红还有过两次恋情,不过在约会几次后她感觉不合适就提出了分手,并没有进展到同居关系。丈夫是她谈的第三个男朋友,恋爱交往一段时间后,小红觉得他比前面的两个男友更会关心体贴人,两人相处也更融洽。正是有了这一番对比,她才有意愿把这段恋情发展到同居,并在随后不久意外怀孕后,毫不迟疑地选择了"奉子成婚"。

其次是婚育的年龄规范作用。农村社会早婚早育的婚育文化所隐含的婚育年龄规范对流动青年同居者的奉子成婚决策起到了引导作用,就像一些受访者所说的,"我们那边结婚都比较早吧,所以有了后也没多想就结了",或是"既然怀上了,又到年龄了,肯定是赶快结婚"。谈及当初的奉子成婚,商场门店营业员玲玲先是表达说两人感情很好让她愿意趁着怀孕进入婚姻,接着她重点强调了一番"年龄到了"的观点:

> 还有吧,我感觉到这个年龄了,本来就该要考虑结婚、生孩子了,人生的大事嘛,趁早完成。我感觉要孩子这个方面,要是很晚也是不太好,毕竟 25 岁、26 岁、27 岁这段时间要孩子是最好的。

再次是来自家庭的支持,这一点尤为重要。在社会道德文化的规范作用和对流产导致女方身体伤害的担忧下,女方家庭往往会优先选择奉子成婚,将未婚先孕"合法化"为婚内生育(王小璐、王义燕,2013)。前台接待员小吴在发现自己怀孕后,考虑过不要这个孩子,因为在还不知情的情况下,她由于重感冒服用了好几天的药物,担心对胎儿发育不利。不过,她最终还是"奉子成婚"了,"我妈妈不同意,我妈妈说我这么瘦,现在不能怀孕的女孩子多了去了,她说你第一胎不要的话,很容易造成不孕。"另一方面,农村日趋严重的婚姻市场竞争和对香火传承的重视,则是让男方家庭乐于尽快促成婚姻的形成(刘利鸽等,2019)。阿茂说起他 19 岁的堂弟已经有了一个儿子,在得知女方怀孕后,"家里很高兴",他的叔父婶婶为年轻小两口在老家摆了喜酒。正是在双方父母的支持下,流动青年同居者才得以顺利"奉子成婚"。

阿鹏(23 岁)和 Sari(20 岁)这对闪电式同居伴侣的经历很好地说明了未婚怀孕后双方家庭如何推动流动青年同居伴侣加速向婚姻过渡。前面提到,意外怀孕发生之前,两人从相识约会到热恋再到同居的时间还不足 3 个月。阿鹏原本的设想是"过一两年再说结婚的事情",刚过 20 岁的 Sari 更是想"多玩两年"。可以说,两人都不急于从同居过渡到婚姻。对于怀孕一事,Sari 说她"第一反应就是懵了,不知道该怎么办"。毫无主意的她选择了向父母寻求建议:

> 我妈说从我的角度考虑最好是留下,因为我们家有几例,像我哥哥、嫂子,他们是不孕的,因为之前流产过,后来导致不孕了。她怕(流产)影响我,我一直比较瘦,抵抗力不是很好,她也怕我到时候会怀不上小孩。她跟我说最好是留下来,要是觉得他(阿鹏)这个人还可以,就结婚把孩子生下来。

阿鹏也坦承,在得知 Sari 怀孕后,他很犹豫到底要不要这个孩子。没有心理准备是一方面,但更重要的是没有经济准备,"包括一些基本的物质方面也没有任何的积累,因为毕业到现在才一年多,本身男孩子也比较手松,花钱大手大脚,突然有了这样的事情,需要扛一份责任,这个经济压力比心理压力还要重一点"。他也把这个"难题"踢给了父母,"他们一听就说留着,有孩子了当然要留着,让我们赶快结婚"。在得知 Sari 才 20 岁,他父母担心她像如今一些年轻女孩那样不希望早早结婚而选择流产,催促他立即向 Sari 要她父母的电话号码。就这样,在阿鹏和 Sari 还在犹豫如何应对同居怀孕时,双方父母开始着手商量婚事,两人就这样提前了结婚生子的时间表。正如阿鹏所言:"差不多都是父母支持吧,他们不支持的话,我们也不知道怎么办。"

父母在同居关系转变中的作用

毫无疑问,中国的婚姻模式早已脱离了父母包办,但是,这并不意味着父母在子女婚姻大事上的影响力随之衰落并消失殆尽。无论是在 20 世纪中期以后的 50 年,还是 21 世纪以来最年轻一代人,无论是在城市还是农村地区,众多研究无一例外地表明,父母依然通过多种途径在子女的择偶、成家和生育中扮演重要角色。在前面的彩礼、婚房、地域以及怀孕对同居结果走向影响的分析中，我们也时时可以看到背后所体现的父母影响力。不仅如此，在笔者的调查中，父母还时常是流动青年同居关系演变过程中一个起独立作用的因素。

首先，父母的意愿和施加的压力在很大程度上主导着同居向婚姻转变的节奏。访谈中，经常听到已婚受访者讲类似的话，"本来没想这么早结婚的，但家里急""父母电话里一直催"。前台接待员小吴年满 20 岁不久就结婚了，当时她同居还不到半年。上文提到，进入同居后她很快就发生了意外怀孕，不过，怀孕并不是触发她快速从同居向婚姻转变的因素，因为当时男方父母已经带着媒人上她家提亲了。事实上，确切来说，她的公公主导了他们关系发展的进程：

我公公这人急性子，一听他儿子跟他说有女朋友了，隔壁村的，就说要上我家来。我妈妈意思是暂时先谈着，还没有到谈婚论嫁的时候，我还小嘛。后来五一我们回老家，第二天一早，我还没有起床，他打电话过来说"我爸妈过来看一下你"。我也没多想，谁知道我公公早就安排好了，提着东西，大包小包一大堆，带着媒人，往我们家一走，就是提亲来的。媒人直接请过来的，没有提前告知。他爸爸就是那种他想要做的事立马就要做。时间排得也很紧，后面订婚啊、结婚啊，就跟着来了。

一些年龄尚小或是不急于进入婚姻的受访者，为了避免父母过早参与进来，他们选择（部分）隐瞒恋情。23 岁的阿毅是一家化工厂的技术服务工，和女友同居还不到半年。他告诉笔者，从今年开始他父母就催着赶快结婚了，"今年开始说了，去年没有，今年就开始催，带回家看看什么的，有这种要求了，以前是没有的"。因为村子里与他年龄相近的年轻人相继结婚成家，导致"父母隐隐约约有危机感"。但是阿毅认为"我感觉我还小，我的思想还不成熟"，当然，更为重要的一点是"感觉自己没有什么成就"，他希望"缓个一年两年再谈结婚的事"。于是，对于父母的催婚，他仅告知父母自己有了交往的女友，还需要进一步地了解，隐瞒了两人正在同居的事实，让父母不再着急他没女朋友，也不会催着他订婚，把结婚提上议事日程。阿邵为了让关系进程"按照自己的意思来"，他选择了完全隐瞒。

不想那么早告诉,因为(他们)就会说带回来看一下啊,压力会比较大,家长会说把事情定下来啊。我们年轻人有自己的想法,不想家长过多掺和,催找女朋友、催结婚,我们有自己的规划和打算,很多一结婚就赶紧生孩子啊,各种催,不喜欢,还是要按照自己的意思来。毕竟生活是自己的,应该自己作主。

在大多数情况下,父母的催婚压力使流动青年同居者加速进入婚姻,但有时候也可能让一段同居关系加速结束,走向分手。如果男方家庭还没有做好结婚的经济准备,女方父母的催婚往往会导致同居伴侣的分手。22岁的阿启与前女友(21岁)在同居大半年之后分手了,这是一个让他始料未及的结局,因为直到分手,这段关系都进展得顺利,没有矛盾、争吵和不信任。他与前女友在同一家工厂上班,由于老家在同一个县市,两人相识后很快就确立了恋爱关系,随后搬出工厂宿舍在外租房同住。同居后双方感情进一步加深,日常交流中不时谈及对于未来的规划,阿启打算"多赚两年钱再说结婚的事",那时两人也不过二十三四岁,这个年龄结婚也不算晚。在两人的老家,彩礼水平已涨到了20万元出头,再加上"三金"、婚房整修布置以及结婚酒席这些开支,男方家庭在一桩婚事上的花费至少要三四十万元。前面第三章曾提到,外出工作3年来,阿启基本上把每月工资的一半打给父母,为以后结婚攒钱。阿启估算着他再攒上一两年,加上父母积攒的,他的结婚费用就差不多够了。前女友对于他的这番计划完全认同,只是世事难料,她父母在知道女儿有交往的男朋友后,催着说要让男方上门来提亲、放彩礼,年内就办婚事。"她家里面就说,现在不能结婚,那就分手。"不同于那些反抗父母、追求自己做主的年轻女性(比如小莉、Linlin、小香),阿启说前女友"很听她父母的话",在父母催促她回家后就离开工厂返回了老家相亲,这段原本很可能走向婚姻的恋情不得已以分手结束。

父母左右着同居关系演变节奏的另一种常见情形是,流动青年同居伴侣向婚姻转变的进程由于父母的反对而拉长。第五章在分析同居的持续时间时提到,那些婚前同居时间超过3年的受访者,像小香、小凤、阿学,父母对恋情的反对是他们推迟进入婚姻的最主要因素。

其次,父母主导了谈婚论嫁的过程。在有了明确的结婚打算后,无一例外地,接下来是由双方父母出面(见面或是打电话)来商谈婚姻缔结的具体事宜,从彩礼金额、婚房安排到过礼,再到定日子,等等。流动青年同居伴侣作为要结婚的当事人，在这一过程中通常仅是充当旁听者、传话人，不少人甚至是"不在场"。王思凝等人（2020）在针对彩礼的研究中指出，"议彩礼"基本取决于双方父母的意图与考量，年轻人不但要回避"议彩礼"的场合，还不能随便参与长辈的决议。在笔者的调查研究中，许多进入初婚的流动青年男女表示，他们对于当时谈婚论嫁的细节并不太清楚，因为"都是两边父母商量的"。

24岁时从同居走向婚姻的阿闻的经历非常具有代表性。对于当初彩礼、婚房、订婚、结婚时的情形，由于"不用操心"，他很少有非常确定的回答。

笔者：当初你们订婚有一些什么仪式？

阿闻：都是父母弄的，好像有送定金，还有什么"四样金"嘛，还送什么鱼之类的，我也搞不懂。

笔者：这是你们那边的风俗？

阿闻：对，还有什么桂圆之类的，我也搞不懂这些，看得莫名其妙，我只知道把她带回家，然后慢慢地就结了，基本的操作我不太了解。

笔者：这些都是双方父母去商量着办？

阿闻：对，我们俩就听着，点头说"好的""就这样"。都是父母出面，我们不用操心的。

由于谈婚论嫁实际上是双方父母在磋商，年轻男女并没有多少话语权——至少公开的场合是如此，在人口流动的背景下，这还导致出现了一种新的情形，即定亲仪式由父母代办，年轻人不一定要到场。大多数情况下，外出的年轻人一年里回老家的次数屈指可数，多的可能有两三次，少的可能只有一次——春节过后离家，到年底再回家过年。短暂的在家时间很可能导致他们在自己定亲仪式上"不在场"。正在同居的小昕是这样讲述她的定亲经历的："过年的时候，先是说两家人正式见个面，我记得是初五，双方父母聊到说要选个日子定亲，好像是正月十二下的定，后面我假期到了，初八就过来上班了，没有在家……他也来上班了，没在家。"第二章提到的服装店员小英，她的定亲也是由两边的父母加上媒人在老家操办完成的，她和男友都不在场。

尽管如此，对于由父母出面来商议并决定"何时"与"如何"进入婚姻，调查中很少有受访者表达出父母在"干预""包办"他们婚姻的感受。在流动青年看来，父母为孩子的婚事操心，不管是全力支持还是提各种苛刻条件和设置障碍，动机都是"为子女着想""为了我好",因而听从父母意见和他们追求婚姻自主的价值理想是并行不悖的。

尽管未婚同居正在全球范围内变得日益普遍,同居持续的时间也在增加,但与第二次人口转变理论预期不一致的是,同居并未发展为婚姻的替代品,婚姻仍然被视为关系发展的理想目标,意味着更大的承诺。同居不是一种稳定的长期结合,最终要么转化成婚姻,要么是以分手而结束。只不过,随着时间推移结束同居的方式更多的是分手,而不是结婚。

在笔者的调查中,抱着结婚目标而同居的流动青年,通常在同居前不急于正式地谈论婚姻。这主要是因为许多同居关系进展迅速,在几个月内就从约会发展到同居,关系还没有进展到直接讨论结婚的程度。对流动青年女性而言,往往还受到在亲密关系中男性应该主动、女性应该被动的传统性别规范的影响,从而较少主动商谈结婚计划。然而,同居开始后不久,流动青年普遍会讨论未来的结婚计划,关系发展顺利、(意外)怀孕、到了该结婚的年龄、家庭压力或是有一方希望获得正式承诺,这一系列因素都可能会促使流动青年同居男女对未来的关系发展轨迹展开正式讨论。

流动青年同居的持续时间较短,大多数是在同居开始后的一两年内向婚姻转化,或是以分手结束,持续三年以上的同居就比较少见了。男性的经济因素在同居结果的走向(结婚还是分手)中起着决定性作用,它通常指的是男方家庭的经济条件,是否有彩礼支付和婚房购置的能力,而不是西方文献中所指的男性自身的就业状况、职业地位和收入水平。关系质量是影响同居结果的第二个关键要素,对关系的不满意足以导致分手,反之却不亦然,良好的关系质量固然是进入婚姻的前提,但有情人要终成眷属还受制于经济和家庭因素,他们不仅要遵从所在地域关于婚姻支付的一般标准,向婚姻转变的整个过程都要受父母深度介入的影响。这一结果似乎表明,尽管关系的解体反映出年轻人更个体化和追求爱情婚姻的趋势,但向婚姻的过渡还未见有脱离传统社会规范的迹象。最后,同居关系本身的一些特征也可能影响到同居结果。地域异质性是同居向婚姻转变的一个重要阻碍因素。流动、社交媒体和互联网的兴起以新的方式扩大了通婚范围,似乎减少了地理限制。在恋爱实践中,年轻流动人口也在"广撒网",与不同地域的对象恋爱。然而,随着时间的推移,当两人从约会到同居再到结婚,或承诺水平从低到高,地域问题成为婚姻缔结的一大阻碍因素,地域异质性伴侣更有可能在这一过程中分道扬镳。同居中的怀孕则会促进向婚姻的转化,在较高的关系质量、婚育的年龄规范压力和家庭支持等多重原因的综合推动下,流动青年同居伴侣更有可能是"奉子成婚",加速进入婚姻。

结　　论

本书以"90后"乡城流动青年为对象，展现了他们如何从约会走向同居，同居发生的速度、原因，同居日常生活中的经济管理和家务分工，同居期间的避孕、怀孕和生育决策，同居是否会走向婚姻，何时何种情况下会走向婚姻。在本部分，笔者首先将以同居如何开始、展开到结束为主线，总结流动青年同居群体的同居关系发展轨迹图景，随后在此基础上讨论在中国的社会和文化背景下未婚同居的意义和作用。

对于新生代的"90后"乡城流动青年而言，同居是随恋爱关系发展而自然推进的一步。但在从约会向同居转变的具体实践中，进展速度快慢不一，这与对浪漫和吸引力、相容性和个人自主性的看法有关，更与形塑个人生活安排的环境有关。对大多数人来说，从恋爱进展到同居是迅速的，即使认为同居代表着关系进入更深入的阶段而持谨慎态度，一般在恋爱关系开始半年内就会进展到同居。对这一群体来说，外部因素更有可能让他们的同居速度放缓，诸如搬离宿舍在外租房的经济成本、工作地点变动不居、非常规的工作时间要求、通勤距离、交通安全和便利性等，这些关系之外的因素显著影响了同居决定，导致他们推迟进入同居。

尽管从约会向同居转变的速度不一，但大多数人——无论男女——进入同居时有明确的婚姻计划或对婚姻的期望，他们是在相信自己找到了未来结婚对象甚至是已经订婚/定亲的情形下开始同居生活的。当然，不可否认的是，在很多时候，许多人的同居也受到了见面相处或居住的便利、经济考虑以及意外怀孕等现实原因的推动。但这些往往是居第二位的，是在有结婚意图之后才被纳入考虑的原因。这种普遍地将同居与婚姻紧密地联系在一起的倾向，主要与男女都一致面临的结婚规范压力有关。与此同时，还与女性一定程度上受道德规范约束和男性受经济和时间成本约束有关。

同居后,同居伴侣需要像已婚夫妻一样,对如何组织日常生活进行决策。尽管作为亲密伴侣共同生活在一起,同居期间的金钱收入却往往被定义成个人的——"我的钱"和"他/她的钱",很少有"我们的钱"的概念,同居身份与已婚身份的区别受到特意强调。在实践中,收入全部或大部分分开,"各管各的钱"是大多数人的选择。然而,金钱分开管理的同居伴侣,在共同开销上几乎不会采取平均分摊的模式,而往往是借用传统婚姻中的性别规范,认为男性负有主要的"养家"责任。同居期间的房租通常由男性来支付,其他的日常开支也是以男性为主,女性更多是作为补充支付角色。形成鲜明对比的是,同居期间的家务安排显示出传统的性别脚本似乎正在被打破,家务分工表现出明显的平等主义,而且在许多不是平分家务的同居伴侣中,男性经常是承担更多家务的一方。这除了与家务分工有关的性别观念态度发生改变有关之外,同居期间的家务量少,以及男性倾向于把多承担家务作为一种理想婚姻伴侣形象和投资关系未来的策略也是重要原因。

避孕措施使用、怀孕意愿和同居怀孕后的应对是同居生活中的另一个重要主题。毫无疑问,同居大大增大了流动青年女性意外怀孕的风险,这主要是避孕时的疏忽大意和依赖有效程度较低的避孕方式所致,而较少是因为缺乏避孕意识和知识。一个值得注意的新现象是,同居怀孕的增长部分来自"计划内"怀孕的增多,怀孕被视作结婚准备过程中的一步,有时甚至是结婚前必要的一步——以检验流动青年女性的生育能力。

一旦怀孕,无论是意外还是计划之内,流动青年同居者通常是在"奉子成婚"和终止怀孕之间进行选择——要么是在孩子出生前结婚,把婚前怀孕"合法化"为婚内生育,要么是不打算结婚或是不具备结婚条件(如年龄上的、经济上的或是情感上的),而选择人工流产,很少有人打算在同居关系或非婚姻关系中生育和养育孩子。但实际结果与预期并不总是一致,一些现实因素导致流动青年女性在没有正式婚姻的情况下把孩子生下来。除了过去一直存在的没有达到法定结婚年龄的原因,对离家在外的青年而言,要在从发现怀孕到孩子出生前的短短几个月内顺利地完成商定彩礼、婚房准备、安排婚礼宴请等一系列结婚"议程",充满了不确定性。因而,在孩子出生前结婚变得"说不准",计划好的"奉子成婚"演变为"孩子出生后再结婚"成为一种可接受的权变行为。

尽管大多数同居是以婚姻为目标开始的，但一般情况下，除了那些同居前有婚约者，其他人很少会在同居之前就明确讨论未来的结婚计划。不过进入同居之后，结婚话题很快就会被提上日程，关系发展顺利、怀孕、到了该结婚的年龄、家庭压力以及一方希望获得正式承诺，都有可能推动同居双方对未来结婚计划进行明确的讨论和展望。可以说，以结婚为目标、找到了结婚对象是进入同居关系的前提，而在同居后，又强化了这种结婚意图。

由于同居被视为婚前生活的阶段而非一种长期的伴侣关系，同居的持续时间通常较短，无论最终是结婚还是分手，大多数在1—2年内结束，同居持续3年以上变得少见。男方家庭的婚姻支付能力对同居向婚姻的转变仍然是主导力量，这与现有关于农村地区青年婚姻形成的研究结果相一致。关系质量是影响同居结果的第二个关键要素，尽管它对结婚和分手结果的影响强度不一：对关系的不满意足以导致分手，反之却不亦然。双方在地域上的异质性是进入婚姻的一个重要障碍，而同居中的怀孕则会加速向婚姻的转变。最后，同居关系转变的整个过程都受到父母深度介入的影响，父母对同居结果走向（是否走向婚姻，何时走向婚姻）起到了至关重要的作用。

未婚同居现象在中国社会的兴起和快速扩散，引发了学界对其意义和作用的讨论。在21世纪的前10年，学者们大多为同居的兴起而忧心忡忡，批评这是一种年轻人在性自由观念影响下随意进入的"问题"行为，挑战了社会道德和伦理秩序，既有可能导致非婚生育的增多，也会让未婚女性面临生殖健康风险和身心伤害。最近10多年来，基于西方发达国家的经验而提出来的第二次人口转变理论和婚姻去制度化理论成为分析中国家庭变迁的主导框架。包括同居上升在内的一系列家庭行为变化，如初婚年龄推迟、结婚率下降、离婚率上升及生育率下降都被看作是中国正在发生第二次人口转变和婚姻去制度化的迹象。

尽管这些讨论和分析都在试图揭示同居的意义，然而对于同居在家庭形成中所起的作用，它是如何与婚姻交织在一起的，对婚姻进程有着怎样的影响，这些更为实质性的问题依然没有得到回答。本书展现了"90后"流动青年的同居关系演变轨迹，对这一问题提供了新的认识。

首先，同居正在成为年轻人择偶过程中一个新的重要环节。同居已被更广泛地接受，它所背负的污名比过去大为减少，年轻男女都有意愿进入同居，无论是出于结婚目的,还是作为相爱的表征。在笔者调查的流动青年中,约会经常只限于很短的一段时间,关系的发展和对伴侣个人重要信息的收集,主要发生在同居关系中,或在同居关系中加深。相较于阎云翔研究中提及的在"父母眼皮底下"和村庄熟人社会空间中进行择偶的 20 世纪八九十年代的农村青年不同,流动致使乡村社会伦理规范、道德舆论、父母家人等对私人生活的约束力显著减弱,流动青年有了更多的自由和个人空间,这推动了"择偶的浪漫革命"进一步的发展,主要表现在恋爱过程中更快地发生性亲密行为,以及进入共同生活状态。

虽然"90 后"流动青年男女的同居关系发展迅速,但他们的同居并不像一些流行的评论所称的,是一时的权宜之计,是为了排解异乡打工孤独感、生活无聊情形下寻找一个生活陪伴者及弥补亲情空缺,似乎与择偶、婚姻无多少关联。事实上,大多数人要么有明确的结婚计划,要么认为对方是未来的结婚对象,才做出同居决定,希望通过朝夕共处让彼此更了解,推动关系进一步发展。

其次,同居是走向婚姻的一步,而非婚姻的替代形式。对流动青年来说,同居和婚姻有着截然的界限区分,这种含义上的区别显现在同居生活的多个方面,包括金钱管理、同居怀孕时机的看法、同居怀孕后的应对、同居持续时间等。虽然作为伴侣共同生活在一起,涉及金钱管理,双方都界定彼此为独立个体,强调"同居金钱"与"婚姻金钱"之别,因为"毕竟还没结婚"和"还不是真正的一家人",伴侣双方保持收入分开而不是合一,也不会考虑要共同购买住房、汽车之类的大件物品。对于同居中的怀孕,无论是意外怀孕还是计划内的怀孕,只有在有结婚可能的情形下才会决定把孩子生下来。因而同居怀孕后的应对方案,要么是"奉子成婚",将未婚怀孕转为婚内生育,要么是堕胎。婚姻依然是生育的先决条件,没有人考虑把同居作为生育和养育孩子的环境。在同居持续时间上,无论男女,没有人将同居视作关系发展的最终状态和目标。结果是,随后的一两年里,同居要么是向婚姻转变,要么是以分手而结束。

由此来看,虽然"90 后"流动青年的未婚同居行为表现出了近年来在世界各地观察到的一些共同趋势,但更多地呈现出与第二次人口转变理论和婚姻去制度化理论所描述模式不同的关系轨迹,比如,进入同居通常与婚姻有关,同居持续时间相对较短,同居环境下的生育极少,同居怀孕后往往随之而来的是"奉子成婚",等等。事实上,在最近 10 多年来的家庭社会科学的研究中,一种普遍的观点认为,伴侣关系的形成模式已经从"一致走向复杂"(Furstenberg, F. F.

2014),从对同居和婚姻关系的一般趋势理解变为对同居和婚姻之间多样化联系的广泛认识(Goldscheider, F. K., Bernhardt, E. & Lappegård, T. 2015; Manning, W. D. 2020)。同居关系形成和解体中日益增长的异质性突出了不同的社会、经济和文化如何形塑和反映家庭行为。因而要理解"90后"流动青年未婚同居的作用,需要放到中国的社会和文化背景中来。

与西方社会的非婚同居正在经历一个"去制度化"过程不同,中国的同居与婚姻在制度和规范层面有着明确的界限区分,婚姻的制度性力量依然强大。从1950年新中国第一部婚姻法颁布到20世纪90年代初,那些符合结婚实质要件且以夫妻名义共同生活的非婚同居关系被认定为"事实婚姻",法律承认其具有婚姻的效力并予以保护。但在之后,法律对婚姻的规制变得严格,不再承认"事实婚姻",将非婚同居视为私人空间内自由选择的生活状况,采取"不禁止、不保护、不干预"的态度,同居伴侣没有已婚夫妻享有的权利和义务(王薇,2009)。2021年新颁布实施的《民法典》仍然把婚姻作为亲密伴侣关系的唯一合法形式,非婚同居伴侣的地位不受承认。与此相应,社会观念也赋予了婚姻远高于同居的价值等级,将两者明确分开,在日常生活中具有不同的意义。这种不管是法律规范上还是价值等级上把同居和婚姻相区分,无疑会强烈地影响未婚同居的年轻人如何看待他们的同居,对同居持续时间以及结果的期待。在支持婚姻的规范占主导地位的社会环境下,社会对长期同居的接受程度也不高。因此,年轻同居男女会面临巨大的结婚压力,特别是当在同居期间发生了怀孕,这些都会促使他们顺应社会规范的压力,在同居后很快向婚姻过渡,通过结婚把他们的伴侣关系制度化。

最近数十年来,同居和婚姻之间的关系减弱,越来越少的同居关系转入婚姻,支持了第二次人口转变和婚姻去制度化理论关于同居者之间婚姻转变趋势的预测。然而,许多调查研究表明,年轻人还是相当渴望结婚而不是同居,即便是在同居兴起最早和普遍化程度最高的西方发达国家,婚姻也被认为是理想的结合类型(Manning, W. D. 2020)。同居者的结婚意愿并没有随时间的推移而明显减弱,但同居向婚姻转变的可能性却在不断降低,这种意愿和行为之间日趋扩大的差距表明,个人实现婚姻的行为受到外部因素的阻碍。已有研究揭示了经济因素是其中最为关键的外部条件,同居者的结婚率大幅下降仅发生在经济上处于不利地位的人群中(Cherlin, A. J. 2020)。在西方社会,婚姻取决于伴侣

（尤其是男性伴侣）是否达到所在社会期望的建立一个独立家庭需要满足的物质要求，这包括稳定的就业、持续的收入来源以及确保未来经济安全的能力。对于那些受教育程度较低、经济条件一般的人来说，这些社会要求的婚姻标准是很难达到的，他们没有足够的经济资源来将同居关系转化为婚姻（Sassler, S. & Lichter, D. T. 2020）。在中国，婚姻同样有需要满足的特定经济门槛。与西方社会不同的是，它通常指的是男方负担的"彩礼""婚房""三金"等内容。由于在中国文化中帮助子女成家是父母的义务和人生事业，并不是年轻人自己独立来完成组建家庭所需的经济积累。从婚房、彩礼到婚礼、酒席等费用，都可能较多地依赖父母来负担。正是有了父母全力提供的经济支持，"90后"流动青年即便收入水平不高，未婚同居加快而不是推迟了他们的婚姻行为。

未婚同居吸引年轻人的原因之一，是这种生活安排提供了一种测试相容性的机会，使人们选择到最合适和最能与之建立美满婚姻的伴侣，降低离婚风险。然而，"90后"流动青年的同居是否可以发挥同居的这种特定优势，目前看来多少是让人存疑的。调查中由同居进入的婚姻，似乎表现出了一些潜在的不稳定特征。一是不少婚姻迅速建立，从相识、约会到同居，再到意外怀孕后步入婚姻，就发生在几个月内，比如阿勇和小秀、阿鹏和 Sari、小爱、娟子，都是在半年之内完成的。他们的婚姻很大程度上是出于应对未婚怀孕，而不是基于关系发展水平而做出的决定，因而很可能并没有建立足够的"关系资本"，在孩子出生后，养育压力和冲突可能使婚姻质量急剧下降，婚姻不稳定性的风险随之上升。[①] 二是即使没有怀孕的催化，农村社会普遍存在的早婚规范压力和婚姻市场性别挤压，也导致很多流动青年同居者自己或是在家人干预下，带有强烈的"成家"紧迫感，往往因此而压缩关系发展进程，快速向婚姻转化，这也可能为未来埋下了关系不稳定的隐患。

从21世纪未婚同居率显著上升以来，中国的非婚生育或者说同居生育一直维持在非常低的水平，并没有呈现许多欧洲国家和美国的趋势，即同居率上升伴随着同居非婚生育率的上升，婚姻与生育之间日益分离。究其原因，与由婚姻来组织生育行为的价值观和规范在中国社会依然占据主导地位有关。笔者调查中

[①] 事实上，笔者在追踪访问中了解到，娟子在结婚3年后离婚，Sari 在女儿出生不到1年就带着她长期居住在父母家，与阿鹏处于事实分居状态。

的"90后"流动青年广泛认同婚内生育,没有人期望在同居关系中生育和抚育孩子。由此来看,至少在未来一段时期,我国的同居生育水平不太可能出现明显上升。但新的实践和观念开始出现,在以婚姻为前提的情况下,如果受现实因素制约,孩子出生后再结婚变得可接受,而且这种现象在流动青年人群中已经悄然增多。其中潜藏的风险在于,这些婚前生育的同居伴侣有可能等不到正式结婚就由于关系恶化而分手了,比如笔者样本中的阿超、Lily,[①]由此可能带来非婚生育的增多。总之,在同居率上升的情况下,它对中国婚姻家庭的未来意味着什么具有诸多的不确定性,未来需要继续研究以及时了解家庭形成过程中新出现的变化。

[①] 在接受访谈时,Lily的老公还未到22岁,两人在孩子出生前回老家举行了婚礼,打算到法定年龄了再去领结婚证。然而,后续的追踪调查获悉的信息是,孩子出生以后,养育孩子带来的经济压力、观念冲突、代际矛盾让两人的关系逐渐恶化,没有人在意要去领结婚证。孩子1岁多的时候,与阿超的前女友一样,Lily选择了独自离开,这个孩子成为非婚生的。

附录

研究方法与过程

量化的数据可以告诉我们青年人群未婚同居比例在上升，年轻同居者何时与伴侣同居、同居持续时间以及结束方式——走向婚姻还是分手，但是数据无法向我们展示未婚同居生活的种种模样：像阿勇和小秀这对年轻夫妻，当初同居时两人相识才几天；像阿唐这样的同居者，考虑到租房带来的经济压力，与女友恋情稳固后还是选择住在各自工厂的宿舍，直到他的工作稳定、工资水平提高后才搬离宿舍，在外租房和女友同居；像阿德这样在20岁之前就进入同居的年轻人，一开始并没有想过随后就谈婚论嫁，但春节回老家期间，女友在父母安排下与别的男孩相亲，迫使他急忙上门向女友父母表明心意，并让他父母按照习俗去女友家"下定"；小香的情形恰好相反，由于父母对恋情的反对，她不得已推迟了向婚姻转变的步伐，直到同居第四个年头才结婚。

为了探寻青年人未婚同居生活的真实图景，自2017年5月开始，在随后的两年多时间里，笔者先后在长三角地区的上海、杭州、苏州、南通、常熟、金华，珠三角地区的深圳、广州、河源、惠州，中部地区的长沙以及北京等12个城市，与全国各地超过150名出生于20世纪90年代的乡城流动青年展开了深入交谈和访问。

笔者根据四项条件对潜在调查对象进行了筛选：年龄、流动经历、教育程度和同居经历。"90后"是笔者的目标对象，主要是考虑到这个年龄群体正处于恋爱、择偶、成家的关键时期，也是新近的初婚前同居者。聚焦于流动青年，而且是农业户口、没有受过四年制大学教育（本科以下学历）的流动青年，对应的是以往称之为农村外出打工青年的群体。至于同居经历的筛选，要求有不少于3个月的和异性恋伴侣未婚同居的经历，可以是正在同居，或是已从同居进入初婚，或是同居后分手且目前未婚。笔者还访谈了一些有过恋爱但没有经历同居的年轻人,了解他们不同居的原因,这对于理解同居的意义来说也是非常有必要的。作为补充,笔者还访谈了少量子女为"90后"的中年父母,了解他们对子女婚恋的态度以及如何参与其中的。

访谈对象主要经由三种途径获得。一是"熟人中介"方式,通过个人社会关系网来寻找符合条件的受访者。二是通过工厂管理层推荐本厂符合条件的员工。三是采取招募方式,为了满足研究对多元化同居经历的要求,一些受访者是经由劳务中介代为发布有偿招募信息寻找到的。此外,笔者会在一些场所(例如美容美发店、足浴店、小饭店、宾馆等)主动搭讪可能的受访者。比如,酒店的前台服务员小佩就是笔者在长沙调查时居住的宾馆碰到的;美容师琳琳、Kitty 和 Lily,是笔者在上海的美容院寻访到的。大多数情况下,我们只访谈了同居伴侣中的一方,但有 8 对同居伴侣是同时接受调查(访谈分开进行)的。

访谈的主题涵盖了整个同居过程,从结识、确立恋爱关系到如何决定同居(或是不同居),同居期间在收入、生活费用、家务、避孕等方面的安排和关系发展状况(例如冲突、分手念头、结婚计划等),最后如何决定从同居向婚姻或是分手转变。此外,个人的成长背景、流动和工作经历、恋爱经历,父母家人对他们婚恋的态度、家乡的嫁娶风俗、彩礼水平等,作为基本信息在访谈中都有收集。

每一场访谈,我们都会谈到上面这些计划内的话题,但与此同时,笔者也会给受访者留下充裕的空间,让他们讲述自己的恋情故事,说出访谈框架不曾触及的重要问题。比如,同居期间怀孕的小桃提到了一种新现象:婚前怀孕成为婚姻缔结过程中必要的一步。伴随着婚前性行为和同居兴起,未婚女性意外怀孕与有(重复)人工流产经历的可能性增加,这加大了她们在未来婚姻中不孕不育的风险。因而,为了"检验"外出打工年轻女性的生育能力,男方家庭要求女孩怀孕后再办婚礼。这让笔者发现了此前在研究中缺失的未婚(同居)怀孕类型,即在意外怀孕之外,还有"计划内"的未婚怀孕。受小桃经历的启发,笔者把这一问题增加到后面的访谈中。

在做访谈时,建立起彼此间的信任是至关重要的。每次访谈开始,笔者首先会向他们告知这项研究的目的——为了理解年轻一代流动青年在今天的恋爱交往和结婚成家经历。笔者也会说明在研究中使用他们提供的信息时会匿名化其身份,因此,本书中受访者用的是化名,对于可能透露受访者身份的信息,比如所从事的工作,通常模糊化处理为"商场门店的店员"或者"机电厂生产线工人"这样的表述,足以让读者了解他们的工作内容。本书中加引号的引语,都来自受访者的原话。①

笔者的性别、年龄及研究者身份,让笔者能够比较容易地赢得受访者的好感和信任,让他们卸下心防,乐于与笔者分享他们的婚恋故事。笔者与受访者之间之所以能够流畅地对话,很大部分原因在于笔者与他们共享着许多"文化资本"。笔者在农村出生和长大,虽然后来到城市求学和工作,并在城市定居安家,但笔者的父母、亲戚长辈还一直居住在农村,笔者与家乡保有密切联系,也经常在暑假、国庆节以及春节返回老家。笔者熟悉农村社会的婚恋观念和习俗,这让笔者能够理解年轻人对于父母催婚、春节期间密集相亲和谈婚论嫁时双方家庭对彩礼来回拉扯时的烦恼,也理解为人父母者对子女成家的期盼与担忧。

让笔者感到高兴的是,一些受访者表示他们从访谈中也有所获益。当笔者在访谈结束表达谢意时,与同居男友分手的文文说:"其实今天可以这样聊聊我也很开心,我有时候觉得,跟很多人说这种想法的时候,他们可能会惊讶,但是更多的是不理解我为什么这么做,我觉得有个人可以听我说出来,听听我的想法,对我自己也是一种减压。"在一场由男性组成的焦点小组讨论中,后半场几乎变成了"恋爱咨询会",他们向笔者抛出了恋爱时遇到的一个又一个困惑,笔者结合自己的专业知识,尽力为他们提供参考建议。

访谈开始时,笔者会告诉受访者可以拒绝回答任何让他们觉得不想被问及的问题,但笔者所接触的年轻人中几乎没有人这样做。即便是有关性行为、避孕措施、未婚怀孕、人工流产这类往往被认为是极具个人隐私的话题,他们也很自在地表达。比如,当一段同居关系在几个月内就向婚姻转变时,笔者一般会追问"为什么这么快就想着结婚呢?"那些"奉子成婚"的人都坦言"因为我/她怀孕了";再比如,结婚前夕分手的同居受访者小霞,在她说出是对方出轨导致分手后,笔者原以为这就是这段关系史的全部了。正当笔者要提出下一个问题时,她又补充说当时她还怀孕了,在不打算结婚后,她自行去医院做了流产手术。

访谈包括正式和非正式两种形式,每个受访者至少接受了一次正式访谈,大约1/3的人在两次或以上;笔者与将近半数的受访者有非正式访谈,通常发生在

---

① 有些引语进行了简单的编辑,比如删除感叹词、错误的指代词和重复词句。为了前后连贯,在同一场访谈中对相同主题的叙说有时候会整合在一起,但这种情况下的文字编辑完全没有改变引语的意思或语气。

正式访谈之后的吃饭或是微信互动中。每位受访者的访谈时长累计从一小时到七八个小时不等,大多数的时长为一个半到两小时。所有访谈都是线下面对面进行的,只有 3 个人是接受的视频访谈。笔者参与了所有的访谈,独自一人或是与他人一起。对于所有的目前正在同居的受访者,笔者对他们进行了追踪访问,主要是通过加微信好友,观察他们的朋友圈,同他们在微信上互动,既可以获取比一次简单访谈要深入得多的信息,也不定期追问关系变动情况,直至他们由同居走向婚姻或是分手。笔者还时常从"熟人中介"那里了解到一些受访者后续的婚姻家庭生活动态,一方面,可以和受访者提供的信息进行印证;另一方面,他们以"知情人"视角补充了许多信息,让笔者对事件动态有更为全面的了解。

即使这些"90 后"流动青年很乐意接受笔者的访谈,但要完成一次访谈并不是一件容易的事情。他们中很少有人是从事朝九晚五的工作,也几乎没人一周只工作五天。他们每天的工作时间超过八小时,晚上和周末往往是他们工作最为忙碌的时候。他们的休息日不固定且很少是在周末。他们的午休时间短暂,且往往不能离开工作场所。时间上的限制很难让他们在空闲时间接受我们的访谈,所以,很多访谈是在他们工作当中完成的,或是在他们的工作场所或附近完成的。例如,访谈从事美容工作的女青年,笔者就变成她们的客人,她们一边给笔者做美容一边接受访谈。在门店或商场当营业员的受访者,访谈一般是趁客流稀少的时段,在门店存放货物的小隔间或是柜台边角、试衣间里进行的。对美发师的访谈就无法在他们工作过程中进行,因为吹风机的噪声让我们听不清对方的话语,一般我们会找个就近的咖啡厅或是肯德基、麦当劳之类的快餐店,受访的美发师利用空闲时段出来与笔者交谈。

笔者最终完成了 110 个"90 后"流动青年访谈样本,包括 57 个男性和 53 个女性,95 个有同居经历的"核心"受访者和 15 个有恋爱但没有同居经历的"非核心"样本。他们的户籍地分布于全国 19 个省,年龄最大的出生于 1990 年,最小的出生于 1998 年。大多数男女受访者都接受过高中和大专教育,初中教育程度的男性只占 1/3,女性的比重更低,在 20% 左右。从目前从事的工作来看,主要集中在制造业和服务业,男性为生产线操作工更多一些,而女性多从事的是各种服务工作和行政、文员工作。

有同居经历的 95 个受访者中仅有 6 个男性和 2 个女性自述当前/上次同居是第二次,其余都是初次同居。进入当前/上次同居时的年龄,女性最小为 15

岁,男性最小为 17 岁,大多数男女是在 20—23 岁。大多数人的同居开始于 2015 年之后,但有少部分人是在调查的六七年之前经历同居,时间相对久远,不过,好在这些人都只有一次未婚同居经历,回忆同居过程时发生回顾性偏差的程度较低。

附表 1　个案访谈总样本的年龄、教育程度和职业分布情况

	男	女	总体 %	总体 N
总体	57	53		110
平均年龄(岁)	24.2	24.0	24.1	
出生年(%)				
1990	14.0	9.4	11.8	13
1991	1.8	17.0	9.1	10
1992	15.8	9.4	12.7	14
1993	15.8	9.4	12.7	14
1994	14.0	13.2	13.6	15
1995	19.3	9.4	14.5	16
1996	10.5	13.2	11.8	13
1997	7.0	11.3	9.1	10
1998	1.8	7.5	4.5	5
教育程度(%)				
初中	33.3	20.8	27.3	30
高中/中专/技校	35.1	49.1	41.8	46
大专/高职	31.6	30.2	30.9	34
职业(%)				
生产线工人	63.2	13.2	39.1	43
非生产线工人	12.3	1.9	7.3	8
商业、服务业人员	21.1	56.6	38.2	42
行政文员	1.8	26.4	13.6	15
自雇	1.8	1.9	1.8	2

除了个案访谈,笔者还进行了焦点小组访谈。焦点小组访谈可以对态度和规范产生更广泛深入的理解,对于激发参与者之间的讨论和辩论也非常有用(Wilkinson, S. 1998)。在这项研究中,焦点小组访谈的目的不是要深入了解个人的恋爱和同居史,而是要了解个人在现今如何看待和评价未婚同居,有助于我们获得青年人关于未婚同居作用和意义的一般态度和观点。焦点小组参与者的

看法和与小组中其他人的讨论经常是基于他们自己的恋爱经历,但也会从亲戚朋友、老家的同学和邻里、工作中接触到的同事等其他人的经历来形成自己的观点。最常见的情形是,焦点小组的成员经常将他们的想法与他们父母的想法进行对比。

焦点小组讨论的主题包括:为什么未婚同居越来越流行,恋人们决定同居或不同居的原因,同居对男女的影响是否有差异,同居和结婚是否有区别,同居的利弊。为了了解一般的看法,讨论的问题通常采用宽泛而不是个人式的措辞,例如,"你们认为为什么现在年轻人没结婚就住在一起?"每一场焦点小组访谈持续约2个小时,都由笔者来负责主持。调查共进行了6场焦点小组访谈,分别在上海(2场)、苏州(1场)、深圳(1场)、河源(1场)和长沙(1场)。每场5—11人不等,共有28名男性和14名女性参加。

附表2 焦点小组的样本特征

焦点小组样本		第1场	第2场	第3场	第4场	第5场	第6场	合计
性别	男性		10	3	4	2	9	28
	女性	5	1	2	3	3		14
婚姻状况	正在同居					2	2	4
	未婚且无同居经历	4	11	4	7	3	7	36
	初婚	1		1				2
出生时间	1990—1994年	3	7	4	1		5	20
	1995—1999年	2	4	1	6	5	4	22
每场人数 N		5	11	5	7	5	9	42

与个案访谈样本不同的是,焦点小组成员大多是还没有同居经历的未婚男女。成员的性别构成上有很大差异,有3场是男女各半,另外3场是按性别划分的——1场女性、2场男性。我们采用这种策略有两个原因:一是为了促进小组内更加轻松和开放的环境,同一性别有利于参加者在表达看法时不用顾忌异性在场而畅所欲言;二是为了更好地理解年轻男女在未婚同居态度和观念上的差异。

参 考 文 献

中文文献：

陈红霞，《结构化视阈下的闽南农村未婚先育现象研究——以闽南农村为例》，《山西农业大学学报（社会科学版）》2012年第5期。

程晓冉、潘佳欣，《中国人工流产现状及对策分析》，《人口与健康》2019年第11期。

段成荣、梁海艳，《青年流动人口通婚圈研究》，《南方人口》2015年第3期。

风笑天，《农村外出打工青年的婚姻与家庭：一个值得重视的研究领域》，《人口研究》2006年第1期。

高尔生、涂晓雯、袁伟，《上海市未婚女青年避孕方法应用状况及其影响因素的分析》，《中国人口科学》1997年第4期。

威廉·J. 古德：《家庭》，魏章玲译，社会科学文献出版社1986年版。

果臻、李树茁、Marcus W. Feldman，《中国男性婚姻挤压模式研究》，《中国人口科学》2016年第3期。

郝立、任远，《人口流动对婚前同居的影响及异质性分析》，《人口学刊》2021年第3期。

贺飞，《转型期青年农民工婚恋观念和行为的社会学分析》，《青年研究》2007年第4期。

胡序怀、陶林、何胜昔，《深圳流动人口择偶模式调查研究》，《中国性科学》2011年第10期。

胡珍、程静，《青年农民工恋爱及婚前性行为状况研究报告——基于成都市服务行业青年农民工的调查》，《中国青年研究》2008年第1期。

黄丹，《中国女性青少年未婚怀孕的研究综述》，《当代青年研究》2016年第2期。

黄润龙、仲雷、杨来胜，《江苏外来女婚恋观念和婚育现状的比较研究》，《人口学刊》2000年第2期。

吉国秀，《婚姻支付变迁与姻亲秩序谋划——辽东Q镇的个案研究》，《社会学研究》2007年第1期。

靳小怡、段朱清，《天价彩礼源何来：城镇化下的中国农村男性婚姻成本研究》，《妇女研究论丛》2019年第6期。

斯蒂芬妮·库茨，《婚姻简史：爱情怎样征服了婚姻》，秦传安、王璠译，中央编译出版社2009年版。

李丁、田思钰，《中国妇女未婚先孕的模式与影响因素》，《人口研究》2017年第3期。

李卫东，《时间、空间与中国农村男性的婚姻机会》，《青年研究》2016年第3期。

李文珍，《1957年以来出生女性群体的婚孕新趋势——以未婚怀孕为中心的分析》，《人口学刊》2020 年第 6 期。

李银河，《性文化研究报告》，江苏人民出版社 2003 年版。

梁同贵，《婚前同居与初婚离婚风险——基于 CFPS2010 数据的分析》，《南方人口》2017 年第 4 期。

刘成斌、童芬燕，《陪伴、爱情与家庭：青年农民工早婚现象研究》，《中国青年研究》2016 年第 6 期。

刘昊，《择偶方式会影响婚前同居吗？——基于 CFPS 数据的实证分析》，《人口研究》2019 年第 6 期。

刘利鸽、刘红升、靳小怡，《就近城镇化背景下城乡居民的婚育轨迹研究——来自河南省 Y 县初婚人群的发现》，《青年研究》2019 年第 4 期。

刘汶蓉，《性开放：当代青年的真实态度——对一项最新调查的比较分析与解读》，《当代青年研究》2009 年第 12 期。

刘汶蓉，《活在心上：转型期的家庭代际关系与孝道实践》，上海人民出版社 2021 年版。

刘玉萍、郭郡郡、喻海龙，《婚前同居、同居蔓延与中国居民的婚姻稳定性：自选择及其变化》，《西北人口》2019 年第 1 期。

罗媛、张海钟，《婚前同居女性心理状况的个案研究》，《青年研究》2007 年第 6 期。

潘绥铭，《中国人"初级生活圈"的变革及其作用》，《浙江学刊》2003 年第 1 期。

潘永、朱传耿，《"80 后"农民工择偶模式研究》，《西北人口》2007 年第 1 期。

宋国恺、焦艳棠，《举家体制视角下青年农民婚房进城的社会学分析》，《天津大学学报（社会科学版）》2021 年第 2 期。

宋健、刘志强，《中国青年同居观念：教育的影响与机制》，《青年研究》2020 年第 5 期。

宋丽娜，《结婚未成年——河南农村的早婚及其社会运作机制》，《中国青年研究》2017 年第 11 期。

宋月萍、张龙龙、段成荣，《传统、冲击与嬗变——新生代农民工婚育行为探析》，《人口与经济》2012 年第 6 期。

谭芳女，《宜昌市 20988 例人工流产患者人群特征、流产原因分析及预防对策》，《现代预防医学》2013 年第 10 期。

王菊芬，《上海市流动人口未婚先孕妇女的性行为、避孕方法使用以及怀孕结果的选择》，《人口研究》1999 年第 1 期。

王思凝、贾宇婧、田耕，《"议彩礼"：论农村彩礼形成机制中的道德嵌入性——基于甘肃 L 县的案例分析》，《社会》2020 年第 1 期。

王素云，《非婚同居财产关系新论》，《首都师范大学学报（社会科学版）》2009 年第 4 期。

王薇，《非婚同居法律制度比较研究》，人民出版社 2009 年版。

王小璐、王义燕，《新生代女性农民工的未婚先孕：婚姻过渡的个体化困境及秩序重建》，《南京农业大学学报（社会科学版）》2013 年第 5 期。

魏晓娟，《鲁西南农村外出务工青年的婚恋研究》，《当代青年研究》2008 年第 6 期。

韦艳、姜全保，《代内剥削与代际剥削？——基于九省百村调查的中国农村彩礼研究》，《人口与经济》2017 年第 5 期。

蔚志新、汤梦君，《北京市未婚女性青少年重复流产与紧急避孕状况分析——基于顺义区和昌平区 7 所医院的调查数据》,《妇女研究论丛》2013 年第 5 期。

吴帆、林川,《欧洲第二次人口转变理论及其对中国的启示》,《南开学报(哲学社会科学版)》2013 年第 3 期。

吴炜,《青年性观念的十年变迁及其发生机制——基于 CGSS2005 和 CGSS2015 数据的分析》,《中国青年研究》2019 年第 4 期。

谢宇、胡婧炜、张春泥,《中国家庭追踪调查：理念与实践》,《社会》2014 年第 2 期。

徐安琪(主编)：《世纪之交中国人的爱情和婚姻》,中国社会科学出版社 1997 年版。

徐安琪,《择偶标准：五十年变迁及其原因分析》,《社会学研究》2000 年第 6 期。

徐安琪,《未婚青年性态度与性行为的最新报告》,《青年研究》2003 年第 7 期。

徐安琪,《离婚风险的影响机制——一个综合解释模型探讨》,《社会学研究》2012 年第 2 期。

徐安琪、刘汶蓉、张亮、薛亚利,《转型期的中国家庭价值观研究》,上海社会科学院出版社 2013 年版。

徐安琪、叶文振,《中国婚姻研究报告》,中国社会科学出版社 2002 年版。

许传新、王平,《试论"试婚"产生的社会机制》,《青年研究》2002 年第 4 期。

徐鹏、施宇,《流动女青年婚前怀孕的影响机制研究》,《青年研究》2019 年第 4 期。

许琪、彭湃,《代际经济支持与婚姻的同质性匹配》,《青年研究》2021 年第 6 期。

宣朝庆、韩庆龄,《城镇化进程中农村老年人的生活困境：婚房进城与压力传递》,《江海学刊》2015 年第 3 期。

严梅福、石人炳,《试析我国 80 年代早婚数量回升的原因》,《社会学研究》1995 年第 5 期。

阎云翔：《私人生活的变革：一个中国村庄里的爱情、家庭与亲密关系：1949—1999》,龚小夏译,上海书店出版社 2006 年版。

阎云翔,《中国社会的个体化》,陆洋等译,上海译文出版社 2016 年版。

叶炜、肖璐,《90 后农民工城市工作生活状态及其定居意愿分析》,《调研世界》2018 年第 3 期。

尹晓玲,《南海市未婚先孕妇女的避孕知识水平及影响因素分析》,《广东医学院学报》2003 年第 2 期。

於嘉,《何以为家：第二次人口转变下中国人的婚姻与生育》,《妇女研究论丛》2022 年第 5 期。

於嘉、谢宇,《我国居民初婚前同居状况及影响因素分析》,《人口研究》2017 年第 2 期。

於嘉、谢宇,《中国的第二次人口转变》,《人口研究》2019 年第 5 期。

于晶,《青年非婚同居的财产权益保护问题研究》,《中国青年研究》2019 年第 12 期。

于志强,《都市白领女性同居动机与实践过程分析》,《中国青年研究》2019 年第 4 期。

于志强,《城市青年未婚同居的家务分工模式与特征分析》,《山东青年政治学院学报》2020 年第 2 期。

于志强,《"我的钱"还是"我们的钱"?——转型期中国城市青年同居的经济实践分析》,《中国青年研究》2021 年第 1 期。

袁浩、罗金凤、张姗姗,《中国青年女性婚前同居与婚姻质量研究》,《中国青年研究》2016 年第 9 期。

张露尹,《中国的初婚前同居状况及其对婚育轨迹的影响》,《人口研究》2020年第6期。
张青,《变异中的延续——苏北H村婚前生育现象考察》,《民俗研究》2011年第4期。
赵璐,《未婚同居：当代都市流动青年的亲密关系实践》,《宁夏社会科学》2018年第2期。
郑真真、周云、郑立新、杨元、赵东霞、楼超华、赵双玲,《城市外来未婚青年女工的性行为、避孕知识和实践——来自5个城市的调查》,《中国人口学刊》2001年第2期。

英文文献：

Allendorf, K. 2013. "Schemas of Marital Change: From Arranged Marriages to Eloping for Love." *Journal of Marriage and Family* 75(2).

Andersson, G., Thomson, E. & Duntava, A. 2017. "Life-table Representations of Family Dynamics in the 21st Century." *Demographic Research* 37(35).

Barber, J. S., Miller, W. B., Kusunoki, Y., Hayford, S. R. & Guzzo, K. B. 2019. "Intimate Relationship Dynamics and Changing Desire for Pregnancy among Young Women." *Perspectives on Sexual and Reproductive Health* 51(3).

Barrett, G. & Wellings, K. 2002. "What is a 'Planned' Pregnancy? Empirical Data from a British Study." *Social Science & Medicine* 55.

Bearak, J., Popinchalk, A., Alkema, L. & Sedgh, G. 2018. "Global, Regional, and Subregional Trends in Unintended Pregnancy and Its Outcomes from 1990 to 2014: Estimates from a Bayesian Hierarchical Model." *The Lancet Global Health* 6(4).

Becker, G. S. 1981. *A treatise on the Family*. Cambridge, MA: Harvard University Press.

Berrington, A., Perelli-Harris, B. & Trevena, P. 2015. "Commitment and the Changing Sequence of Cohabitation, Childbearing, and Marriage: Insights from Qualitative Research in the UK." *Demographic Research* 33.

Blumstein, P. & Schwartz, P. 1983. *American Couples: Money, Work and Sex*. New York: William Morrow and Co.

Bouchard, G. 2005. "Adult Couples Facing a Planned or an Unplanned Pregnancy: Two Realities." *Journal of Family Issues* 26.

Breen, R. & Cooke, L. P. 2005. "The Persistence of the Gendered Division of Labor." *European Sociological Review* 21.

Brines, J. 1994. "Economic Dependency, Gender, and the Division of Labor at Home." *American Journal of Sociology* 100.

Brines, J. & Joyner, K. 1999. "The Ties That Bind: Principles of Cohesion in Cohabitation and Marriage." *American Sociological Review* 64.

Brown, S. L. 2000. "Union Transitions among Cohabitors: The Significance of Relationship Assessments and Expectations." *Journal of Marriage and the Family* 62(4).

Brown, S. L. 2003. "Relationship Quality Dynamics of Cohabiting Unions." *Journal of Family Issues* 24(5).

Bumpass L. L. 1990. "What's Happening to the Family? Interaction between

Demographic and Institutional Change." *Demography* 27.

Bumpass, L. L., James A. S. & Cherlin, A. J. 1991. "The Role of Cohabitation in Declining Rates of Marriage." *Journal of Marriage and Family* 53(4).

Carmichael, G. A. & Whittaker, A. 2007. "Living Together in Australia: Qualitative Insights into a Complex Phenomenon." *Journal of Family Studies* 13(2).

Cherlin, A. J. 2004. "The Deinstitutionalization of American Marriage." *Journal of Marriage and Family* 66(4).

——. 2020. "Degrees of Change: An Assessment of the Deinstitutionalization of Marriage Thesis." *Journal of Marriage and Family* 82(1).

Clarkberg, M. E., Stoltzenberg, R. M. & Waite, L. J. 1995. "Attitudes, Values and Entrance into Cohabitational versus Marital Unions." *Social Forces* 74.

Domínguez-Folgueras, M. 2013. "Is Cohabitation More Egalitarian? The Division of Household Labor in Five European Countries." *Journal of Family Issues* 34.

Duvander, A. Z. 1999. "The Transition from Cohabitation to Marriage: A Longitudinal Study of the Propensity to Marry in Sweden in the Early 1990s." *Journal of Family Issues* 20.

Esteve, A., Lesthaeghe, R. & López-Gay, A. 2012. "The Latin American Cohabitation Boom, 1970–2007." *Population and Development Review* 38(1).

Evans, A. & Gray, E. 2021. "Cross-national Differences in Income Pooling among Married and Cohabiting Couples." *Journal of Marriage and Family* 83(2).

Finkel, E. J., Cheung, E. O., Emery, L. F., Carswell, K. L. & Larson, G. M. 2015. "The Suffocation Model: Why Marriage in America is Becoming an All-or-Nothing Institution." *Current Directions in Psychological Science* 24(3).

Furstenberg, F. F. 2014. "Fifty Years of Family Change: From Consensus to Complexity." *The ANNALS of the American Academy of Political and Social Science* 654(1).

Gerson, K. 2009. *The Unfinished Revolution: How a New Generation is Reshaping Family, Work, and Gender in America*. Oxford University Press.

Gibson-Davis, C. 2009. "Money, Marriage, and Children: Testing the Financial Expectations and Family Formation Theory." *Journal of Marriage and Family* 71(1).

Gibson-Davis, C. 2011. "Mothers but Not Wives: The Increasing Lag Between Nonmarital Births and Marriage." *Journal of Marriage and Family* 73(1).

Giddens, A. 1992. *The Transformation of Intimacy: Sexuality, Love, and Eroticism in Modern Societies*. Cambridge: Polity Press.

Goldscheider, F. K., Bernhardt, E. & Lappegård, T. 2015. "The Gender Revolution: A Framework for Understanding Changing Family and Demographic Behavior." *Population and Development Review* 41(2).

Goldscheider, F. K. & Kaufman, G. 1996. "Fertility and Commitment: Bringing Men Back in." *Population and Development Review* 22.

Goldstein, J. R. & Harknett, K. 2006. "Parenting across Racial and Class Lines: Who Are Married, Cohabiting, Dating or No Longer Romantically Involved?" *Social Forces* 85(1).

Gupta, S. 1999. "The Effects of Transitions in Marital Status on Men's Performance of Housework." *Journal of Marriage and the Family*. 61.

Guzzo, K. B. 2006. "The Relationship between Life Course Events and Union Formation." *Social Science Research* 35.

Guzzo, K. B. & Hayford, S. R. 2014. "Fertility and the Stability of Cohabiting Unions: Variation by Intendedness." *Journal of Family Issues* 35(4).

Guzzo, K. B. & Hayford, S. R. 2020. "Pathways to Parenthood in Social and Family Contexts: Decade in Review." *Journal of Marriage and Family* 82(1).

Hamplova, D. & Le Bourdais, C. 2009. "One Pot or Two Pot Strategies? Income Pooling in Married and Unmarried Households in Comparative Perspective." *Journal of Comparative Family Studies* 40(3).

Haragus, M. 2015. "From Cohabitation to Marriage When a Child Is on the Way. A Comparison of Three Former Socialist Countries: Romania, Bulgaria and Hungary." *Journal of Comparative Family Studies* 46(3).

Hayford, S. R. 2009. "The Evolution of Fertility Expectations over the Life Course." *Demography* 46(2).

Hiekel, N. & Castro-Martín, T. 2014. "Grasping the Diversity of Cohabitation: Fertility Intentions among Cohabiters across Europe." *Journal of Marriage and Family* 76(3).

Hiekel, N. & Fulda, B. E. 2018. "Love. Break up. Repeat: The Prevalence and Stability of Serial Cohabitation among West German Women and Men Born in the Early 1970s." *Demographic Research* 39(30).

Hiekel, N., Liefbroer, A. C. & Poortman, A. R. 2014. "Income Pooling Strategies among Cohabiting and Married Couples: A Comparative Perspective." *Demographic Research* 30.

Hiekel, N., Liefbroer, A. C. & Poortman, A. R. 2015. "Marriage and Separation Risks among German Cohabiters: Differences between Types of Cohabiter." *Population Studies* 69(2).

Heuveline, P. & Timberlake, J. M. 2004. "The Role of Cohabitation in Family Formation: the United States in Comparative Perspective." *Journal of Marriage and the Family* 67(2).

Holland, J. 2013. "Love, Marriage, then the Baby Carriage? Marriage Timing and Childbearing in Sweden." *Demographic Research* 29.

Huang, P. M., Smock, P. J., Manning, W. D. & Bergstrom-Lynch, C. A. 2011. "He Says, She Says: Gender and Cohabitation." *Journal of Family Issues* 32(7).

Ishizuka, P. 2018. "The Economic Foundations of Cohabiting Couples' Union Transitions." *Demography* 55(2).

Kendalla, C., Afable-Munsuzb, A., Speizerc, I., Averya, A., Schmidta, N. &

Santellid, J. 2005. "Understanding Pregnancy in a Population of Inner-city Women in New Orleans—Results of Qualitative Research." *Social Science & Medicine* 60.

Kennedy, S. & Bumpass, L. L. 2008. "Cohabitation and Children's Living Arrangements: New Estimates from the United States." *Demographic Research* 19.

Kiernan, K. 2001. "The Rise of Cohabitation and Childbearing outside Marriage in Western Europe." *International Journal of Law, Policy and the Family* 15.

Kiernan, K. 2002. "Cohabitation in Western Europe: Trends, Issues, and Implications." In A. Booth & A. C. Crouter (Eds.) *Just living together: Implication of Cohabitation on Families, Children, and Social Policy*, pp. 3–31. Mahwah, NJ: Erlbaum.

Klüsener, S., Perelli-Harris, B. & Sánchez, G. N. 2013. "Spatial Aspects of the Rise of Nonmarital Fertility across Europe Since 1960: The Role of States and Regions in Shaping Patterns of Change." *European Journal of Population* 29(2).

Komter, A. 1989. "Hidden Power in Marriage." *Gender & Society* 3.

Lamidi, E. O., Manning, W. D. & Brown, S. L. 2019. "Change in the Stability of First Premarital Cohabitation among Women in the United States, 1983–2013." *Demography* 56(2).

Lichter, D., Price, J. P. & Swigert, J. M. 2020. "Mismatches in the Marriage Market." *Journal of Marriage and Family* 82(2).

Lichter, D., Qian, Z. & Mellot, L. M. 2006. "Marriage or Dissolution? Union Transitions among Poor Cohabiting Women." *Demography* 43(2).

Lichter, D., Sassler, S. & Turner, R. N. 2014. "Cohabitation, Post-Conception Unions, and the Rise in Nonmarital Fertility." *Social Science Research* 47.

Lin, A. C. 1998. "Bridging Positivist and Interpretivist Approaches to Qualitative Methods." *Policy Studies Journal* 26.

Lesthaeghe, R. 2010. "The Unfolding Story of the Second Demographic Transition." *Population and Development Review* 36(2).

——. 2020. "The Second Demographic Transition, 1986–2020: Subreplacement Fertility and Rising Cohabitation—A Global Update." *Genus* 76(10).

Lott, Y. 2017. "When My Money Becomes Our Money: Changes in Couples' Money Management." *Social Policy and Society* 16(2).

Lyngstad, T. H., Noack, T. & Tufte, P. A. 2011. "Pooling of Economic Resources: A Comparison of Norwegian Married and Cohabiting Couples." *European Sociological Review* 27(5).

Manning, W. D. 1993. "Marriage and Cohabitation Following Premarital Conception." *Journal of Marriage and the Family* 55.

——. 2020. "Young Adulthood Relationships in an Era of Uncertainty: A Case for Cohabitation." *Demography* 57.

Manning, W. D. & Smock, P. J. 2005. "Measuring and Modeling Cohabitation: New Perspectives from Qualitative Data." *Journal of Marriage and Family* 67.

Miller, A. J. & Carlson, D. L. 2016. "Great Expectations? Working- and Middle-Class Cohabitors' Expected and Actual Divisions of Housework." *Journal of Marriage and Family* 78(2).

Miller, A. J. & Sassler, S. 2010. "Stability and Change in the Division of Labor among Cohabiting Couples." *Sociological Forum* 25(4).

——. 2012. "The Construction of Gender Among Working-Class Cohabiting Couples." *Qualitative Sociology* 35.

Moors, G. & Bernhardt, E. 2009. "Splitting up or Getting Married? Competing Risk Analysis of Transitions among Cohabiting Couples in Sweden." *Acta Sociologica* 52(1).

Musick, K. 2002. "Planned and Unplanned Childbearing among Unmarried Women." *Journal of Marriage and Family* 64.

Musick, K. 2007. "Cohabitation, Nonmarital Childbearing, and the Marriage Process." *Demographic Research* 16.

Musick, K. & Michelmore, K. 2018. "Cross-National Comparisons of Union Stability in Cohabiting and Married Families with Children." *Demography* 55(4).

Mynarska, M. 2010. "Deadline for Parenthood: Fertility Postponement and Age Norms in Poland." *European Journal of Population* 26(1).

Perelli-Harris, B. & Gassen, N. S. 2012a. "How Similar are Cohabitation and Marriage? legal Approaches to Cohabitation across Western Europe." *Population and Development Review* 38(3).

Perelli-Harris, B., Kreyenfeld, M., Sigle-Rushton, W., Keizer, R., Lappegard, T., Jasilioniene, A., Berghammer, C. & Paola, D. G. 2012b. "Changes in Union Status during the Transition to Parenthood in Eleven European Countries, 1970s to early 2000s." *Population Studies* 66.

Perelli-Harris, B., Mynarska, M., Berghammer, C., Berghammer, C., Evans, A., Isupova, O., ...Vignoli, D. 2014. "Towards a New Understanding of Cohabitation: Insights from Focus Group Research Across Europe and Australia." *Demographic Research* 31(34).

Perelli-Harris, B., Sigle-Rushton, W., Kreyenfeld, M., Lappegard, T., Keizer, R. & Berghammer, C. 2010. "The Educational Gradient of Childbearing within Cohabitation in Europe." *Population and Development Review* 36.

Reed, J. M. 2006. "Not Crossing the 'Extra Line': How Cohabitors with Children View Their Unions." *Journal of Marriage and Family* 68(5).

Reneflot, A. 2006. "A Gender Perspective on Preferences for Marriage among Cohabitating Couples." *Demographic Research* 15.

Rindfuss, R. R. & Vandenheuvel, A. 1990. "Cohabitation: A Precursor to Marriage or An Alternative to Being Single." *Population and Development Review* 16(4).

Rivera, M. T., Soderstrom, S. B. & Uzzi, B. 2010. "Dynamics of Dyads in Social Networks: Assortative, Relational, and Proximity Mechanisms." *Annual Review of Sociology* 36.

Sassler, S. 2004. "The Process of Entering into Cohabiting Unions." *Journal of Marriage and Family* 66(2).

Sassler, S. & McNally, J. 2003. "Cohabiting Couple's Economic Circumstances and Union Transitions: A Re-Examination Using Multiple Imputation Techniques." *Social Science Research* 32.

Sassler, S., Michelmore, K. & Qian, Z. 2018. "Transitions From Sexual Relationships Into Cohabitation and Beyond." *Demography* 55.

Sassler, S. & Miller, A. J. 2011a. "Waiting to Be Asked: Gender, Power, and Relationship Progression among Cohabiting Couples." *Journal of Family Issues* 32(4).

——. 2011b. "Class Differences in Cohabitation Processes." *Family Relations* 60.

——. 2014. "'We're Very Careful…': The Fertility Desires and Contraceptive Behaviors of Cohabiting Couples." *Family Relations* 63.

Sassler, S., Miller, A. & Favinger, S. 2009. "Planned Parenthood? Fertility Intentions and Experiences among Cohabiting Couples." *Journal of Family Issues* 30.

Sassler, S. & Lichter, D. T. 2020. "Cohabitation and Marriage: Complexity and Diversity in Union Formation Patterns." *Journal of Marriage and Family* 82(1).

Schneider, D., Harknett, K. & Stimpson, M. 2018. "What Explains the Decline in First Marriage in the United States? Evidence from the Panel Study of Income Dynamics, 1969 to 2013." *Journal of Marriage and Family* 80.

Settersten, R. J. & Ray, B. 2010. "What's Going on with Young people Today? The Long and Twisting Path to Adulthood." *Future of Children* 20.

Singh, S. & Lindsay, J. 1996. "Money in Heterosexual Relationships." *The Australian and New Zealand journal of Sociology* 32(3).

Smock, P. J. 2000. "Cohabitation in the United States: An Appraisal of Research Themes, Findings, and Implications." *Annual Review of Sociology* 26.

Smock, P. J., Manning, W. D. & Porter, M. 2005 "Everything's There Except Money: How Money Shapes Decisions to Marry among Cohabitors." *Journal of Marriage and Family* 67.

Smock, P. J. & Schwartz, C. R. 2020. "The Demography of Families: A Review of Patterns and Change." *Journal of Marriage and Family* 82(1).

Soons, J. P. & Kalmijn, M. 2009. "Is Marriage More than Cohabitation? Well-being Differences in 30 European Countries." *Journal of Marriage and Family* 71(5).

South, S. & Spitze, G. 1994. "Housework in Marital and Nonmarital Households." *American Sociological Review* 59.

Steele, F., Kallis, C., Goldstein, H. & Joshi, H. 2005. "The Relationship between Childbearing and Transitions from Marriage and Cohabitation in Britain." *Demography* 42.

Strandell, J. 2017. "Increasing Marriage Rates Despite High Individualization: Understanding the Role of Internal Reference in Swedish Marriage Discourse." *Cultural Sociology* 12(1).

Thornton, A. 1989. "Changing Attitudes toward Family Issues." *Journal of Marriage and Family* 51.

Thornton, P. H., Ocasio, W. & Lounsbury, M. (Eds.) 2012. *The Institutional Logics Perspective: A New Approach to Culture, Structure, and Process*. England: Oxford University Press.

Thornton, A. & Young-DeMarco, L. 2001. "Four Decades of Trends in Attitudes toward Family Issues in the United States: The 1960s through the 1990s." *Journal of Marriage and Family* 63(4).

Treas, J. 1993. "Money in the bank: Transaction Costs and the Economic Organization of Marriage." *American Sociological Review* 58(5).

Treas, J., Lui, J. & Gubernskaya, Z. 2014. "Attitudes on Marriage and New Relationships: Cross-National Evidence on the Deinstitutionalization of Marriage." *Demographic Research* 30(54).

Vogler, C., Brockmann, M. & Wiggins, R. D. 2008. "Managing Money in New Heterosexual Forms of Intimate Relationships." *Journal of Socio-Economics* 37(2).

Weitzman, A., Barber, J. S., Kusunoki, Y. & England, P. 2017. Desire for and to Avoid Pregnancy during the Transition to Adulthood. *Journal of Marriage and Family* 79(4).

Wiik, K. A., Bernhardt, E. & Noack, T. 2010. "Love or Money? Marriage Intentions among Young Cohabitors in Norway and Sweden." *Acta Sociologica* 53(3).

Wilkinson, S. 1998. "Focus Group Methodology: A Review." *International Journal of Social Research Methodology* 1(3).

Williams, J. C. 2010. *Reshaping the Work-Family Debate: Why Men and Class Matter*. Cambridge, MA: Harvard University Press.

Yu J. 2021. "Union Formation and Childbearing among Chinese Youth: Trends and Socioeconomic Differentials." *Chinese Journal of Sociology* 4.

Zabin, L. S., Huggins, G. R., Emerson, M. R. & Cullins, V. E. 2000. "Partner Effects on a Woman's Intention to Conceive: 'Not With This Partner'." *Family Planning Perspectives* 32.

Žilinčíková, Z. & Hiekel, N. 2018. "Transition from Cohabitation to Marriage: The Role of Marital Attitudes in Seven Western and Eastern European Countries." *Comparative Population Studies* 43.

后　　记

　　本书基于国家社会科学基金项目"新生代流动人口未婚同居的成因、趋势及社会效应研究"(16BSH063)的结项成果修订而成。从最初的研究立项到书稿付梓，不觉已达八年之久。回望这段过程，我最先要感谢的是本研究项目采访过的所有人，感谢他们的真诚和对我的信任，和我分享了他们的成长和情感故事，以及他们对于恋爱和婚姻的感想、困惑和反思。遗憾的是，出于隐私保护之故，我无法在这里一一道出他们的姓名。毫无疑问的是，没有这些"无名"受访者的声音，这项研究也就无从谈起。

　　其次要感谢众多帮我寻找受访者的热心人。他们中有我的"90后"侄子、侄女和他们的伴侣（张桂娟、李建华、张桂湘、张慧灵、张佳龙），他们不仅是我的"熟人中介"——把同学、同事和朋友介绍给我采访，还称得上是我的田野助手，在调研过程中，对于当今年轻人婚恋实践中出现的一些新现象，我和他们有过多次讨论，他们从同龄人视角提供的解释，帮助我对访谈对象的述说有更好的理解。我的"熟人中介"还有师弟朱海龙，不仅如此，正是在他的陪同下，我鼓足勇气迈出了主动搭讪可能受访者的一步。我还进入工厂和公司完成了部分个案访谈和焦点小组访谈，这得益于亲朋好友的牵线搭桥，他们有上海的刘泉日、邓意达、沈海滨，江苏的贺先兵，广东的谢爱玖、周道平，湖南的宾术。在整个调研过程中，还有许多我熟识和不熟识的人给予了相帮，衷心感谢他们。

　　感谢在整个研究和写作过程中为我出谋划策、给我热情鼓励和指导的学界前辈和同仁们。刘汶蓉和薛亚利一直是我进行学术交流的重要对象，她们的见解和评论让我受益匪浅。在书稿撰写期间，我在各类研讨会、讲座中报告过我的研究内容，与会者的犀利点评敦促我不断打磨、推敲我的分析和论证。本书的部分章节已在期刊上发表，感谢多位匿名评审人给予的建设性修改意见。

　　本书得以出版要感谢上海社会科学院社会学研究所的资助。还要感谢本书的责任编辑董汉玲老师,她的辛劳付出让本书的文字变得更为流畅和简洁。

最后,感谢我的家人,你们一直是我的坚实后盾,给予我持续的精神支持和前行力量。

张亮

2024 年 9 月

图书在版编目(CIP)数据

走向婚姻的一步:"90后"流动青年未婚同居过程研究 / 张亮著. --上海：上海社会科学院出版社，2025. -- ISBN 978-7-5520-4427-0

I. D669.1

中国国家版本馆CIP数据核字第20242EL647号

走向婚姻的一步："90后"流动青年未婚同居过程研究

著　　者：张　亮
责任编辑：董汉玲
封面设计：周清华
出版发行：上海社会科学院出版社
　　　　　上海顺昌路622号　邮编200025
　　　　　电话总机021-63315947　销售热线021-53063735
　　　　　https://cbs.sass.org.cn　E-mail:sassp@sassp.cn
排　　版：南京展望文化发展有限公司
印　　刷：浙江天地海印刷有限公司
开　　本：710毫米×1010毫米　1/16
印　　张：11
插　　页：2
字　　数：186千
版　　次：2025年1月第1版　2025年1月第1次印刷

ISBN 978-7-5520-4427-0/D·729　　　　　定价：68.00元

版权所有　翻印必究